保险问道
之
保险资管数字化探索

中国保险资产管理业协会 ▪ 编著

中国财经出版传媒集团
中国财政经济出版社

图书在版编目（CIP）数据

保险问道之保险资管数字化探索／中国保险资产管理业协会编著． --北京：中国财政经济出版社，2021.12
ISBN 978 - 7 - 5095 - 5083 - 0

Ⅰ. ①保… Ⅱ. ①中… Ⅲ. ①保险业－资产管理－数字化－研究 Ⅳ. ①F840.3

中国版本图书馆 CIP 数据核字（2021）第 267891 号

责任编辑：郭爱春　　　　　　　责任校对：徐艳丽
封面设计：中通世奥　　　　　　责任印制：刘春年

保险问道之保险资管数字化探索
BAOXIAN WENDAO ZHI BAOXIAN ZIGUAN SHUZIHUA TANSUO
中国财政经济出版社 出版
URL：http：//www.cfeph.cn
E - mail：cfeph@ cfeph.cn
（版权所有　翻印必究）
社址：北京市海淀区阜成路甲 28 号　邮政编码：100142
营销中心电话：010 - 88191522
天猫网店：中国财政经济出版社旗舰店
网址：https：//zgczjjcbs.tmall.com
北京时捷印刷有限公司印刷　各地新华书店经销
成品尺寸：170mm×240mm　16 开　11.5 印张　140 900 字
2021 年 12 月第 1 版　　2021 年 12 月北京第 1 次印刷
定价：48.00 元
ISBN 978 - 7 - 5095 - 5083 - 0
（图书出现印装问题，本社负责调换，电话：010 - 88190548）
本社质量投诉电话：010 - 88190744
打击盗版举报热线：010 - 88191661　QQ：2242791300

编 委 会

主　　任：曹德云
副 主 任：贺竹君　罗水权
委　　员：严振华　张　倩　陈有棠　陈国力　梁　栋
　　　　　张凤鸣　陈德礼　房海燕　董占军　张　轶
　　　　　任泽平　宋光磊　方修广　梁风波
指导专家：郭欲晓

主　　编：曹德云
副 主 编：贺竹君
全书统稿：于　萍　付　伟
执 笔 人：（按照姓氏笔画排序）
　　　　　王　忱　王　烨　王　强　田　军　付　伟
　　　　　司　健　朱　坤　刘　杨　苏泽文　李旭嘉
　　　　　李　杨　李　涛　李　浩　李新明　杨红松
　　　　　肖　潇　张　宇　张奋涛　陈小雨　武　杰
　　　　　周梦佳　郑冠言　胡聪慧　相培峰　姜　俊
　　　　　秦怀平　浦晓婷　曹志楠　解　定

PREFACE 序言

2021年10月18日，习近平总书记在主持中央政治局第三十四次集体学习时指出，要把握数字经济发展趋势和规律，促进数字技术与实体经济深度融合，赋能传统产业转型升级，催生新产业新业态新模式。在我国金融供给侧结构性改革波澜壮阔的画卷中，资管行业是推动我国金融体系融资方式转变、增强金融服务实体部门的重要渠道，促进资管行业的高质量发展是我国金融高质量发展的必由之路。世界经济数字化转型是大势所趋，新的工业革命将深刻重塑人类社会。我们既要鼓励创新，促进数字经济和实体经济深度融合，也要关注新技术应用带来的风险。基于此，我们将保险资管业数字化作为本书的研究方向，体现数字经济的时代背景，呈现保险资管的行业趋势。

数字化研究的成果是对保险资管行业数字化发展的三个重要问题给出答案。第一，是什么？数字化的内涵和外延如何界定，信息化、智能化、电子化和数字化的概念和定义如何区分。2003年，随着首家保险资管机构获批设立以来，中国保险资管行业的数字化发展经历了几个发展阶段，形成了哪些成果。第二，为什么？通过对比国际性经验和跨业态实践，如何客观看待我国保险资管行业的数字化进程，能够总结出哪些规律性经验，以及尚有哪些空间可挖掘。第三，怎么办？本书撰写时，正处于"十四五"规划落地实施元年，距离上次行业发布科技白皮书也已有三年时间。矗立"十四五"改革潮头，围绕行业第二个三年发展规划，如何有序推进，应当有一套完整而清晰的路线图和实施方案。

围绕三个直击灵魂的问题，本书撰写组成员在瀚如烟海的资管数字化领域遨游求索，遇到诸多挑战。第一，范围广袤。凡与数字化相关的话题，通常难有边界，需要广泛收集资料和信息，内容相当庞杂。在此基础上，还要进行适当的梳理工作，无疑是具有很大的挑战性。第二，无先例可循。随着金融科技的发展，科技与各金融业态的联系，正在从广泛性链接转换为精准性对接。印象中，国内外单独将保险资金运用领域的科技或数字化情况进行专题研究，或给予独立命名，在学术和理论上似乎尚未出现。

可喜的是，本书撰写组在罗水权组长的带领下，克服困难，交出了一份有思考、有含金量的研究报告。其中，我最看中的三点是：

一是数字化的本质。正如一些研究者认为，数字化是通过"连接"实现各种技术创新，首先，是思维方式的转换。其次，数字化是新一代领先技术在虚拟世界的重构。利用人工智能、大数据、云计算、物联网、通信技术，把现实世界在虚拟世界中重建。再次，数字化需要与产业相结合，通过链接产业，实现价值落地。

二是数字化转型对金融体系的影响。引用咨询机构报告的一个观点：开放数据、提升客户体验、价值链去中介化等颠覆性力量在不断塑造着金融服务业的未来。金融是典型的基于双边客户的服务业形态，科技加速"金融脱媒化"，降低了进入壁垒，拉大了从业机构差距，"二八"分割效应在资管行业愈发明显。

三是保险资管数字化转型的路径。幸运的是，保险资管行业在数字化领域起步比较早，是我国最早探索资管科技的行业之一，已经有将近 20 年的经验。展望未来，本书撰写组针对保险资管行业数字化转型，提出了宏观、中观、微观三个层次的路线图，从顶层设计、行业政策、机构执行方面都提出了务实详尽的建议，具有相当的可行性。

今后，中国保险资产管理业协会将继续主动适应行业数字化转型的需求，依托协会资管科技专业委员会、金融科技实验室等平台，在行业数据标准、行业数据中心建设、行业前沿科研探索、最佳实践和典型案例征集与分享等方面，为行业数字化转型提供服务和支持。最后，要感谢本书撰写组的各位同仁，谢谢你们辛苦的工作！

中国保险资产管理业协会党委书记
执行副会长兼秘书长
2021 年 12 月

CONTENTS 目录

我国保险资产管理业数字化：理论、实践到路线图
—— 基于国际经验对比和行业实践

绪论 ·· 3

第一章 保险资产管理数字化的理论框架 ············· 4
    第一节 保险资产管理数字化的基本概念 ············· 4
    第二节 保险资产管理数字化的内容发展 ············· 7
    第三节 保险资产管理行业数字化的逻辑主线 ······· 9

第二章 保险资产管理数字化和科技转型的国际经验 ········· 13
    第一节 政策层面：提升保险资产管理公司数字化转型的政策 ············· 13
    第二节 机构层面：全球大型保险公司投资端科技能力建设的主要思路 ········· 16
    第三节 市场层面：科技公司和基金管理公司共舞 ········· 19
    第四节 中外对比和经验启示 ························ 21

第三章　我国保险资产管理数字化的历程和现状 …………… 24

第一节　我国保险资产管理数字化的发展历程 ……………… 24

第二节　保险资产管理所处的数字化环境和监管环境 ……… 26

第三节　保险资产管理核心业务环节的数字化实践梳理 …… 32

第四节　市场和科技服务商的情况 …………………………… 39

第四章　我国保险资产管理业数字化转型的挑战 …………… 42

第一节　法律环境及监管政策仍有空间 ……………………… 42

第二节　行业基础设施建设有待提升 ………………………… 45

第三节　保险资产管理公司数字化基础薄弱 ………………… 48

第四节　保险资产管理科技市场有待规范 …………………… 51

第五章　我国保险资产管理业数字化转型 …………………… 53

第一节　把握我国数字经济战略机遇，全面提升保险
　　　　资产管理行业数字化水平 …………………………… 53

第二节　依托行业力量和资源，夯实标准建设，进一步
　　　　壮大行业力量 ………………………………………… 56

第三节　推动数字化工作的资源化、场景化、价值化、
　　　　技术化、标准化、良性化 …………………………… 58

第四节　结语 …………………………………………………… 61

保险资管科技实践案例

第一章　中国保险资产管理行业数字化转型的调查分析报告 …… 65

第二章　中国保险资产管理行业金融科技应用的行业实践 ………… 75

第三章　保险资管科技实践案例 …………………………………… 91
 第一节　平安资管数字化转型实践 ………………………… 91
 第二节　泰康资产财富业务数字化转型之路 …………… 101
 第三节　国寿资产——恒生电子联合创新实验室另类投资
     管理平台数字化实践 ……………………… 111
 第四节　大数据实时流计算技术在新华资产的应用实践 …… 119
 第五节　国寿投资"保险资产投资业务管理生态"建设
     实践案例 …………………………………… 130
 第六节　面向服务的计算引擎在资产管理中的应用 ……… 137
 第七节　智能投顾与普惠财富管理 ……………………… 150
 第八节　实现数字化转型下的数据中台生态解决方案 …… 162

后记 ………………………………………………………………… 171

我国保险资产管理业数字化：
理论、实践到路线图
——基于国际经验对比和行业实践

绪　　论

中华人民共和国国民经济和社会发展第十四个五年规划和2035年远景目标纲要（简称"十四五"规划纲要）确立了科技创新驱动的国家战略，指出提升金融科技发展水平，促进金融服务实体的政策导向。"十四五"时期，资产管理行业是推动我国金融体系融资方式转变、提升金融资源供给能力的重要渠道，资产管理行业数字化转型是助推行业高质量发展的必由之路。在我国资产管理行业各类业态中，保险资产管理业的发展历史和管理资产规模都位居前列，其发展和演进历程对于资产管理行业具有重要的参考和借鉴意义。

本书立足于保险资产管理科技发展实践，从数字化转型基本概念出发，基于国际经验比较和我国现实考虑，全面系统地分析了我国保险资产管理业数字化进程在宏观政策、行业环境、微观主体等各层面的挑战和差距，并提出相应的短期、中期、长期的分层次、可落地的务实建议。

本书由中国保险资产管理业协会编著，超过30家行业机构为本书的调研和访谈作出了贡献。

本书总负责人为罗水权（负责整体设计），牵头执笔人为宋光磊（负责具体章节设计、通稿总纂及第三部分），参与执笔人为曹志楠和苏泽文（负责第一、二部分和调研报告）、司健（负责第四部分）、王烨（负责第五部分）、付伟和陈小雨（负责组织和行业调研及数据采集）。

第一章
保险资产管理数字化的理论框架

第一节 保险资产管理数字化的基本概念

一、以数据为生产要素，以算力为生产方式

数字化概念起源于 20 世纪 90 年代，发展至今已经成为全球产业升级和企业转型的重要方向。1998 年，美国商务部发布了《新兴的数字经济》报告，开启了数字经济的前沿探索。此后，全球各大经济体均将数字经济作为发展战略，2017 年我国首次将数字经济写入政府工作报告，为数字化转型指明了方向。根据国务院发展研究中心的观点，数字化转型可以定义为"利用新一代信息技术，构建数据的采集、传输、存储、处理和反馈的闭环，打通不同层级与不同行业间的数据壁垒，提高行业整体的运行效率，构建全新的数字经济体系"[①]。

2020 年 4 月，党中央、国务院印发《关于构建更加完善的要素市场化配置体制机制的意见》，这是中国第一份全方位推进要素市场

---

① 2017 年国务院发展研究中心、管理世界、戴尔开展"传统产业数字化转型的模式和路径"研究。

化改革的纲领性文件,将数据要素与土地、劳动力、资本、技术等传统生产要素并列提及,明确了数据作为数字经济和信息社会核心资源的重要地位。数字化创新以数据为生产要素,以算力为生产方式,把握未来科技进步潮流,推动数字化转型,是各类型企业不得不面对的机遇与考验。

具体到保险资产管理行业,数字化转型可以理解为保险资产管理公司根据自身资源禀赋制定战略重点,建立由数据、技术、机制等组成的数字化支撑体系,提升以数字化客户洞察为核心的全方位数字化业务能力,最终达到用户体验及服务效能的提升。

二、数字化区别于信息化和智能化的三大要素

数字化以海量数据为投入要素、以新一代技术为处理手段、以辅助人的决策为最终目标,是区别于信息化和智能化的重要特点。一是从要素投入来看,数字化通过人工智能、物联网等技术自动采集海量数据,将数据要素作为新型生产资料,提高数据采集效率,与信息化时代依靠人工采集和录入标准化数据形成鲜明对比。二是从处理手段来看,信息化是利用计算机系统和软件解放手工劳动;数字化则是采用大数据、云计算等新一代技术,实现即时自动处理,将数据处理能力提高至一个量级。三是从最终目的来看,数字化的目的是提供数据支持,辅助人脑决策,而非替代人来做决策,这是区别于智能化的主要特点。由此可见,数字化发源于信息化,未来还将衍生为更加高级的智能化,虽然三者含义相近,但数字化的特点决定了其更适合当前经济发展的阶段和技术水平。

三、数字化转型助力构建"双循环"、共同富裕、提升国家治理水平

一是数字化转型助力构建"双循环"新格局。在内循环上,数字经济打通了实体经济和虚拟经济的屏障,成为增长新动能。根据国家工业信息安全发展研究中心统计,2017—2019年中国数字经济增加值年均增长达20%。[①] 2020年,面对突如其来的疫情,数字经济加速发展,信息传输、软件和信息技术服务业增加值增长了16.9%。在外循环上,数据要素正在成为引领全球新一轮生产方式变革的驱动力,数据资产成为世界各国抢占数据中心的制高点。

二是数字化创新成果惠及广大人民群众,可以在共同富裕、民生普惠方面发挥更大作用。数字生活、数字文化等创新发展,有助于打破数字鸿沟和不平衡发展的境况。在线教育、远程医疗的不断发展,使偏远地区的人们有机会享受到发达地区的教育和医疗服务,一定程度上缩小了地区和城乡之间的差距,促进了社会和谐发展。

三是善用大数据,加强数据安全,有助于提升国家治理能力和治理水平。公共数据具有明显的外部性和边际报酬递增等特征,目前各级政府部门均要求加强行业数据管理,但是涉及跨部门、跨行业、跨区域的统筹协调难度较大,严重影响公共服务效率,无法发挥公共数据潜在价值。数字化转型有助于推进政府数据开放共享,打通"数据孤岛",通过财政、税务等信息联通,更好地赋能社会服务和国家治理。

---

① 国家工业信息安全发展研究中心发布《2020—2021年度数字经济形势分析》。

第二节　保险资产管理数字化的内容发展

一、范围延展：保险投研数据采集范围从标准化数据拓展至另类数据

在传统信息化阶段，数据采集范围局限在财务信息、资产价格、波动率等标准化数据，存在三大痛点：一是传统数据需要人工采集处理，如财务数据往往按照季度更新，存在时间滞后现象。二是容易出现数据造假。三是随着市场有效性增强，保险资产管理公司难以长期保持信息优势，策略有效性衰减。

数字化手段将数据的收集范围从标准化数据拓展至另类数据，帮助投资者建立多元的信息支持维度。另类数据是指非传统信息组成的数据或者通过非传统手段获取的数据，具有体量大、速度快、客观性强等特点，可以与传统数据形成交叉验证，是辅助投资决策的重要一环。另类数据赋能保险资产管理可以分为三类场景：一是自然地理信息，如气候、坐标、耕地等卫星图像，经过机器视觉和图像识别技术批量分析，可以推测农业或工业生产活动，进而推测出经济发展走势。二是社交舆情信息，可以监测人们关注的重点和情绪变化，进而分析对资产价格的影响，如利用推特上的情绪指标可以实现对道琼斯指数的 3 日预测，准确率达 87.6%。[1] 三是电商交易以及物流数据，可以及时反映消费活跃度，预测销售量。所有这些

---

[1] Volpati V, Benzaquen M, Eisler Z, et al. Zooming In on Equity Factor Crowding [J]. Working Papers, 2020.

数据都可以被用来产生全新的投资策略，产生更加稳定的 Alpha。

二、层次延展：从保险资产管理中后台浅层次应用到深度融合

传统的保险投资从属于负债业务，处在传统电子化、信息化阶段，数据多在统计、财务分析等浅层次层面使用。面对大量投研数据需求，保险资产管理公司开始逐步设立信息技术部门，使用机器替代手工劳作。无纸化办公快速普及，金融服务与电子信息技术初步融合，这些措施起到了提高业务效率、降低运营成本的作用。

随着保险资产管理数字化逐步取代电子信息化，数字化场景从后台走向中台和前台。例如，在第三方资金领域，保险资产管理服务范围从一方扩展到三方资金，开始逐步接触对外产品销售。从30家保险资产管理公司的调研情况来看，大多数保险资产管理公司都把数字化作为未来竞争的关键战略工具。保险资产管理公司从传统的以运营为驱动，逐步扩展为以三方业务营销、投研业绩为驱动。

三、属性延展：保险投资端数据从成本中心变为核心资产

在传统信息化阶段，"数据孤岛"导致沉淀成本被动增加。每个企业每天生成大量信息和数据，建设多种系统，但数据存储在互不关联的载体中，难以有效利用，变相增加了数据保存、处理、更新及维护成本，最后变成沉没的资产。

保险投资具有较长的发展历程。在保险资金长期持续投资的过程中，保险资产管理行业积累了资产管理领域中难得的跨周期、长时序、多品类投资数据。在数字化时代，数据从负债变为核心资产，数据要素将参与到价值创造的全链条中。保险投资端数据蕴藏的巨

大价值开始体现,一是为国家经济治理提供参考,二是为资管机构投研提供借鉴,三是为研究资本市场机构投资者行为提供研究基础。随着数字化时代各方对数据资产需求的与日俱增,保险资产管理行业的投资数据也将从成本中心变为核心资产。

第三节　保险资产管理行业数字化的逻辑主线

一、保险资产管理科技立足保险属性,服务好保险资金期限长、收益稳健的特点

一是保险资产管理科技服务于保险资金投资业务,需契合保险资金体量大、期限长的负债特点。2020年,我国保险资产管理行业的资产管理规模合计21万亿元,近70%的资金来源于系统内保险资金。保险资金体量大、期限长、流动性需求较低。因此,资产配置需求多元复杂,不但对标准化信息全面性、精准性和及时性提出了更高要求,而且对另类数据、非标准资产也存在大量配置需求。2020年保险资产管理产品中,另类产品占比超过40%,主要包括基础设施债权投资计划、不动产债权投资计划、股权投资计划。保险资产管理科技在管理长期限资金、挖掘长久期资产方面大有作为。

二是合格的保险资金管理人员数量有限,保险资产管理科技应发挥降本增效的作用。从机构数量来看,截至2020年底,行业内有保险资产管理公司26家,机构数量远小于公募基金(132家)。从就业人员数量上看,参与调研的机构共有3 661名投资人才,人均投资资产规模为56亿元。在有限的机构数量和人员数量约束下,保险资产管理科技需发挥降本增效的作用。

三是保险资产管理承接第三方委托资金快速增长，市场化水平提高，科技改造空间大。近年来，保险资产管理公司管理的第三方资金快速增长，涵盖第三方保险资金、银行资金、基本养老金、企业年金、职业年金等，行业市场化程度进一步提升。这对保险资产管理科技兼顾不同委托资金的需求，与市场接轨，提高系统统筹能力提出更高要求。

二、保险资产管理科技以投资端为抓手，需积极向大资管行业看齐

资产管理行业是推动我国金融体系融资方式转变、提升金融资源供给能力的重要渠道之一，资产管理数字化转型是助推行业高质量发展的必由之路。传统资产管理行业依托于销售渠道触达范围、投资经理个人经验判断，以及保守谨慎的风险管理，而资管科技已将数字化应用到销售、投资和风控全流程，全面赋能资产管理产业链。

大资管竞合时代，各类机构争相入局，客户、人才、技术等维度竞争日趋激烈。在大资管行业竞争格局中，公募基金以净值化产品、投研能力著称，最符合资管新规要求，商业银行理财子公司快速获批成立，并具备了较为齐全的业务资质，信托、券商等机构也在重点发展资产管理业务，并具有较强的客户资源和市场化机制优势。此外，还有私募基金、第三方财富管理公司等众多非持牌参与者。相比之下，保险资产管理公司规模较小，获客渠道有限，缺乏线上化运营场景，前沿科技渗透较低。

保险资产管理科技与其他资产管理科技还存在一定差距。就大资管行业而言，资管科技主要运用于投研决策、量化交易、智能搜索领域。其中，基金行业在金融科技运用方面较为领先，但轻资产

商业模式决定其难以大规模投入技术资金,基金业技术投入约20亿元、信托业约15亿元,目前的金融科技水平难以完全取代人力作用,主要起到智能搜索、量化交易、投研辅助作用。未来随着资管行业集中度持续提升,保险资产管理公司需要对自身进行差异化的定位,开展错位竞争,寻找新的增长点。对外开放节奏加快、金融科技应用赋能等,均为保险资产管理公司抓住格局重塑机会,探索转型及打造差异化优势提供了契机与条件。

三、保险资产管理数字化转型框架和路径选择：三年规划

保险资产管理数字化转型需要建立"自上而下"的框架体系,涵盖战略层面、组织层面和执行层面。一是战略维度的顶层设计。对照行业"第二个三年规划"目标,确定数字化转型的目标、时间表和资金投入,确保战略在3—5年内平稳运行。二是组织维度的资源保障。给予充分的资源和赋权,打通业务条线壁垒,增配专业人才。三是执行层面的措施跟进。根据自身目标和能力确定任务路线图,划定数字化改造的业务条线,通过自建、收购或合作等方式落地成果。

在投资业务方面,投研决策、运营支持、风控合规是保险资产管理科技落地的三大场景。一是投研决策方面,基于人工智能的投研系统,在数据采集、数据处理、算法优化方面远高于人力。保险资产管理公司利用机器算法构建智能信评、智能风控、量化投资的模型,用于历史回测、情景模拟、未来预测,投资决策等场景。模型经过不断训练迭代,可以更加精确地识别潜在风险和超额收益机会。二是运营支持方面,保险资产管理公司搭建统一的技术系统平台,利用RPA技术极大地提升了运营效率,支持多业务部门协同作业,实现部分流程的自动化、智能化,降低运营的人力成本。三是

风控合规方面，数字化能更有效地甄别高风险交易，智能感知异常交易，实现风险早识别、早预警、早处置，提升金融风险的预防能力。保险资产管理公司运用数字化协议、智能风控平台等人工智能科技手段，构建投资风险防线。

在技术应用方面，人工智能、云计算、大数据、区块链等前沿技术均有落地场景。其中，人工智能在OCR、NLP等领域的突破，提高了人工智能辅助投研决策的效率；云计算平台提供超大容量、超高速度的算力可以构建更加复杂的交易模型；大数据分析可以应用于信用风险监控、交易合规、量化投资等领域，实现信息实时检索；区块链可针对底层资产不透明、信息造假等痛点，实现全流程所有信息的上链，实时追踪。

保险资产管理数字化转型的实现路径可分为外延式和内涵式发展。保险资产管理公司作为传统金融机构，考虑扬长避短，依托自身数字化发展提升能力的同时，应当择机选择并购或投资匹配的科技企业，加速自身创新能力，弥补创新基因不足缺陷。

第二章
保险资产管理数字化和科技转型的国际经验

第一节 政策层面：提升保险资产管理公司数字化转型的政策

一、各经济体在合规框架内鼓励金融机构开展科技创新

资产管理领域数字化属于金融科技发展的重要范畴，国际上将金融科技纳入统一的科技监管框架。2016年FSB提出金融科技监管评估框架，一是判断金融科技产品和服务是不是创新；二是评估创新动力是提高效率还是监管套利；三是评估对金融稳定的影响，奠定全球金融创新监管共识。

美国金融监管较为严格，凡是被认为是金融产品，一律要纳入监管框架。2017年1月，美国国家经济委员会发布《金融科技框架》白皮书，提出要从推进金融科技发展的角度来制定相关政策，在金融科技创新中提高竞争优势。同年，美国保险监督官协会（NAIC）成立专门的创新和技术工作组，帮助保险监管机构了解保险科技的发展情况，并负责研究和考虑相关技术的监管方法。

在有效监管下,英国的金融科技产业发展迅速。英国金融行为监管局(FCA)2015年提出"监管沙盒"(Sandbox),针对难以判断影响的金融科技创新,先选择进行小范围试行,监管部门与企业共同设定范围、参数等,若创新确实提高效率并风险可控,则允许在更大范围应用。英国财政部2018年3月发布了《金融科技产业战略》,宣布了一系列支持金融科技发展的新举措。根据英国财政部《英国金融科技国家报告》,2018年英国有超过1 600家Fintech公司,英国的金融科技采用率为42%,而全球平均水平为33%;英国金融科技公司获得的总投资额达33亿美元,占欧洲全球48亿美元的68%。英国还针对"脱欧"的不稳定情况,推出了专门的卓越人才签证和创业者签证,确保相关行业的人才供应。

2018年3月,欧盟发布《金融科技行动计划》,宣布一系列金融技术行动计划,主要包括建立欧盟金融科技实验室、制定监管沙盒最佳实践图以及推动大规模众筹行业改革等。2020年9月24日,欧盟委员会发布了一份全新的数字金融一揽子计划,主要包括数字金融战略、零售支付战略、加密资产立法建议和数字运营韧性相关立法建议四个方面。

二、各国高度重视数字安全,纳入对保险和资管机构监管

大数据作为国家战略资产,数据主权已经引起全球广泛重视,各国都把数据安全纳入立法考量,数据主权这场没有硝烟的争夺战已经悄然拉开帷幕。

美国在数据安全方面已经建立了相对完善的法案,对美国的保险公司、资管机构也提出了严格的要求。1933年,美国就推出了《联邦证券法》对于公司的数据安全保护措施进行规定,近些年更

是颁布了《国家安全与个人数据保护法提案》等法案，直接对数据的管理和保护提出了针对性的建议，同时限制了数据的跨境传输。在一些细分的行业领域中，美国也针对不同行业的数字资产进行了严格立法，如金融行业的《金融现代化法》、健康领域的《健康保险隐私及责任法案》以及视频领域的《视频隐私保护法》等。这一系列在美国颁布的相关法案主要对数据的使用和备份提出了要求，对于美国的信息公司，要求通过数据加密的形式来满足数据的保密性，也催化了他们对于数据储存的需求，促进了美国数据中心行业的快速发展。

2018年，欧盟实施《通用数据保护条例》，被誉为目前世界上最全面的数据隐私法。一是安全标准高，将个人信息受保护的重要性上升至宪法规定的公民基本权利的高度，规定"所有能直接或间接识别个人政治理念、种族、健康状况等敏感信息的资料，如姓名、身份证号、地址电话等信息，未经当事人授权，企业不得使用或进行其他操作"。二是适用范围广，这项政策影响的并不仅限于欧盟成员国，只要公司为欧盟居民提供服务，收集、持有或处理欧盟居民的数据，即便公司位于欧盟境外，都要受此条例约束。三是处罚力度大，如果违反该条例，最高处罚金额可至 2 000 万欧元或企业全球年营业额的 4%，两者取较高值。三年间已开展了 600 余次执法行动，对脸书、亚马逊、谷歌等科技巨头公司的合规和隐私策略产生了重大影响。四是为数据流通和创新留下余地，针对不同数据类型规定了不同的合法处理数据路径，保障个人数据在欧盟范围内自由流通。

第二节　机构层面：全球大型保险公司投资端科技能力建设的主要思路

一、美国 AIG 保险：全方位数字化转型方案，降本增效

美国国际集团（AIG）成立于1919年，是北美地区最大的保险集团，业务遍及130多个国家和地区。集团业务板块含保险、银行和科技。2008年AIG在次贷危机中遭受重创，在政府资助下得以恢复，此后集团剥离非主业，回归保险核心业务。2012年开启数字化转型，致力于"打造以数据和科学为导向的保险公司"，并在组织架构、管理团队、实现路径、数字技术等方面落地全方位改革，降本增效成果显著。

一是在组织架构上，提升IT部门战略定位。为增强独立性和策略灵活性、AIG精简架构，实行"模块化"战略重组，将企业重组为9个模块，其中IT部门重组为单一机构。2017年，AIG技术部门正式独立，与财险业务、人寿保险业务平级，直接向首席执行官（CEO）汇报。

二是在管理团队上，AIG打造全方位数字管理团队。首席技术官（CTO）负责IT部门的战略性重组；首席信息官（CIO）负责公司全球信息技术系统和平台的建设；首席数字官（CDO）负责设计并提供客户体验层面的企业级数字能力；首席科学官（CSO）负责搭建数据科学家团队，开展跨业务线、跨职能线的数据分析。

三是在实现路径上，AIG收购、合作、自建多管齐下。通过投资收购、外部合作和运营改造积极将新技术引入公司内外部流程改造和效率提升中。例如，2016年AIG收购初创公司HCS，利用物联

网场景识别降低工伤事故率。AIG 与 Pegasystems 公司合作，推出统一理赔管理平台，解决跨国业务管理分散而低效的问题。AIG 还通过自建系统部署了机器学习虚拟工程师"ARIES"，全天候处理全球各地分公司的网络故障问题，极大地提高了整体效率。

四是在成果落地上，AIG 已经阶段性形成了以物联网应用、索赔处理系统及网络安全方案为代表的成果。AIG 推出了无人机保险，防范风险是无人机的空中碰撞风险、技术问题，获得"2014 年商业保险创新大奖"；利用物联网技术降低工伤赔偿保险索赔率。

二、德国安联保险：收购 PIMCO 智能化科技平台，三方资金反哺保险

德国安联保险集团始创于 1890 年，是全球最大的综合性金融保险集团之一。安联集团积极发力资产端业务，通过并购等一系列手段，旗下拥有 PIMCO、安联投资等著名投资公司，安联现已跻身于世界前十大资产管理集团。2013 年以来，安联为实现"完全数字化"目标，提出"数字默认（Digital by Default）"和"技术卓越（Technical Excellence）"战略，并设立了五大转型支柱，即全球数字工厂、全球数字合作伙伴、完全数字业务、投资初创企业、高级商业分析，从多角度实现数字化转型。

一是实现路径主要是外部并购。1998 年安联集团将资产管理定位为核心业务的战略决策，设立安联资产管理部门。2000 年，安联集团斥资 35 亿美元收购 PIMCO（美国太平洋资管公司）70% 股份。此后连续开展了一系列并购业务，并统一以德盛安联资管（Allianz Dresdner Asset Management）品牌开展业务。短短两年，安联集团实现了从单一的保险机构向多元化金融服务提供商的转变。2011 年安联集团正式整合设立资产管理公司，对 PIMCO 和 AllianzGI 子公司部

门开展内部资金和第三方资金的统筹管理。

二是积极开拓第三方市场业务，提高市场化、专业化水平。安联资管虽然是安联保险旗下的资管平台，但主动降低系统内保险资金主导地位，强化第三方委托业务。2020年，安联资管来自第三方的资管规模超过1.7万亿欧元，约占总资管业务的72%。旗下PIMCO与AllianzGI分别管理着78%和22%的第三方业务。资管业务在安联集团业务中，贡献5%的收入和26%的营业利润。安联资管认为，将身份定位从"买方"切换到"卖方"，方能建立起经受考验的专业化机制，在日益激烈的市场竞争中站稳脚跟。

三是以"固定收益+主动投资"为特色，提高综合创新能力。依靠全面的研发体系进行专题化研究，并在股票权益、固定收益、混合投资和另类投资四大板块中开发独有的产品。固定收益类、权益类、多元资产与另类投资的占比分别为78.3%、9.5%、9.4%和2.7%。近几年，安联集团大力推进可持续投资，重视低碳行业投资，基于ESG的特有研究成果强化自身的可持续投资能力。

三、法国安盛投资（AXA）：统一集成、分发的资管供应商数字化打造生态

法国安盛保险集团（AXA）成立于1985年，主营业务是保险及资产管理，是全球第三大资产管理集团。2016年，安盛提出五年计划，实现利润增长和创新驱动。

一是设立统一资管平台，第三方委托占比40%左右。安盛的资产管理业务板块包括联博基金（Alliance Bernstein）和安盛投资管理公司（AXA Investment Managers）。2016年，安盛创建了安盛全球资产管理公司（AXA GAM），负责监督旗下所有资产管理活动，包括制定和实施资产管理业务的总体战略，设置和监控运营和财务绩效。

旗下管理的资产主要包括普通账户资产、投保人承担金融风险的合同资产（投连账户资产）、第三方资产。其中，第三方资产的管理规模占比在40%以上。

二是专注一级市场，孵化保险科技产业链。安盛构建了包含孵化、投资、合作三个环节的完整创新产业闭环，深度参与保险科技行业。安盛分别于2013年和2014年在硅谷和上海设立了保险科技实验室AXA Lab及AXA Lab Asia。AXA Lab提倡具有硅谷传统的"车库创业精神"，并致力于检测保险科技最新趋势，将创业公司和大型高科技企业（如Facebook或Linkedin）与安盛连接起来，培育集团的数字文化。一级市场投资上，安盛建立了Kamet孵化器，目前已投资1亿美元以识别和帮助可以在未来为安盛提供技术和商业支持的小型企业。

三是打造开放式资管平台，形成资产与负债端协调。安盛资管的另一个特点是平台化。8 010亿欧元管理资产中，1 680亿欧元资产为委托其他管理人。由此，安盛建立了一个以保险业务为起点、以资产管理为支点、以开放平台为外延，向外不断拓展的"平台型资管集团"。联博基金汇聚了大量个人和私人客户，这些高净值客户群体中相当一部分，通过对于安盛资管品牌和管理能力的信赖，转而购买安盛的保险产品，形成了从业绩到业务的反哺，协同效果明显。

第三节 市场层面：科技公司和基金管理公司共舞

一、贝莱德：自建资管平台（阿拉丁），打造科技护城河

全球资产管理巨头贝莱德，自主研发阿拉丁系统，推出投资解

决方案等一系列技术支持平台，实现风险管理、组合管理、交易、结算等业务的流程、数据、信息在平台上完美融合。该系统占用6 000余台服务器，由2 000余人负责全天维护，其基础是一个大型历史数据库，依据历史信息，通过蒙特卡洛法则生成大型随机样本，构筑未来可能出现的多种情形，以此建立统计模型，揭示在一系列未来条件下所有种类金融资产的表现。1999年上线时仅作为数据中心分析债券风险，随着业务版图扩张、技术升级等，现已成为基于历史数据和金融模型来预测债券、股票等金融产品价格等相应给予客户投资建议的平台。

强大的金融科技护城河为贝莱德带来了丰厚的回报。一是实现了自身风险管理。贝莱德曾深入涉足住房抵押贷款证券市场，但其凭借强大的风险管理能力，在次贷危机爆发前已把风险最大的债券清出资产列表，2008年第四季度贝莱德归母净利润0.52亿美元，成功在危机中独善其身。二是提高品牌影响力。贝莱德因其出色的风险管理能力，受邀为政府和企业纾困，其风险智库的名声远传，后有荷兰、瑞士、英国等多国政府将资产交由贝莱德打理。三是创造收入增长点。阿拉丁除了服务贝莱德自身，也不断向其他资管公司、财富管理公司等输出科技，2020年技术服务收入为11.39亿美元，同比增长24.1%，是增长最快的收入部门之一。

二、科技公司与保险公司合作的数字化经验

科技公司将相对成熟的解决方案直接输出给保险客户，保险集团与技术合作伙伴共同开发系统，也是保险公司数字化转型常见的模式。

在人工智能领域，法国安盛、纽约人寿等保险公司使用Captricity的人工智能保单数字化服务，抓取手写资料或文件中的数据，利用

图片识别技术将文档转为可读的数据集,并对数据进行分析和整理。瑞士再保险还使用了 IBM Watson 的虚拟代理人系统,通过认知计算技术与客户进行沟通交互,帮助客户在网页、移动设备上了解保险产品,回答客户的问题。

在大数据分析领域,数据服务公司帮助保险公司进行获客、营销、反欺诈等业务。以反欺诈为例,数据服务公司 Palantir Anti - Fraud 允许专家查看数据库以寻找可疑行为中新的欺诈模式,如洗钱、空头支票或复杂的身份欺诈等,一旦分析师识别出欺诈行为新模式,Palantir Anti - Fraud 便可以快速识别符合这个模式的所有可能的欺诈行为。

在区块链应用领域,区块链在智能合约中得到广泛应用。基于区块链的智能合约技术能够加快巨灾债券和巨灾互换管理过程,当风险事件触发时,区块链智能合约能够提取所有参与者的数据源,并自动进行激活和赔付。安联旗下的 Allianz Risk Transfer AG(ART)与 Nephila 进行合作,成功试用以区块链为基础的智能合约技术来处理自然灾害互换。

第四节 中外对比和经验启示

一、中外对比:差异和差距情况

对比中外保险资产管理巨头业务差异和数字化转型差异,不难发现,我国保险资产管理存在一定差距。

一是业务范围单一。海外保险资产管理经过多年的深耕和整合,大多数形成了一体化的资管平台,投资范围覆盖全球一二级市场,公募和私募领域均有涉及，投资策略多样；国内保险资产管理起步晚，各自为战，投资策略同质化明显。

二是对关联方保险体系资金依赖性较强。国外保险资产管理的资金来源以第三方委托居多，如德国安联第三方委托资金占比70%左右，法国安盛也达到40%，有的还能吸引到高净值个人投资者，而我国保险资产管理近70%的资金来自关联方保险资金，第三方委托比例较低，市场化竞争力不足。

三是保险资产管理科技应用深度不足。近年来，海外保险资产管理巨头已经开启数字化转型战略，并进行架构、人员调整，前沿科技应用成果已经阶段性落地，国内保险资产管理行业尚未形成明确的转型之势，或者尚未上升到战略高度，技术应用以机器替代人力等浅层次应用为主，对前沿科技投入力度不足。

二、重要的经验和启示

纵览全球保险资产管理科技政策环境和机构数字化转型实践，成功的实践需要包容的政策环境、全面的战略规划、充足的资金投入和执行人才储备。

第一，保险资产管理数字化顶层设计至关重要。国家在顶层设计上支持并鼓励企业数字化实践，及时出台配套产业、融资、税收、法律政策，明确数字资产归属，划清红线，在控制风险的基础上给予企业技术探索空间。

第二，保险资产管理数字化应当坚持战略先行。战略规划是数字化转型的基石，数字化不能只停留在概念层面，需上升为公司战略，配备相应的组织和部门，在进行战略规划时，应体现前瞻性、全局性、可行性。

第三，数字化转型不应局限在个别业务条线，而应涵盖保险资产管理前中后台全面业务。应着眼于一体化考虑，打通前中后端业务条线，真正以数字化为引领实现商业模式升级。

第四，资金和人才保障是数字化落地的关键。大型资产管理机构大部分采用自行研发的方式，往往投入营业收入的10%用于资管科技，人才上注重技术和管理双重人才培养。麦肯锡调查显示，引入数字化高管的企业转型成功的概率是其他企业的1.6倍。

第五，培养数字化文化是确保数字化成果长期稳固。技术迭代日新月异，不能简单认为只要购买或升级了技术，就能完成数字化转型。数字化转型虽然表面上是软件和技术，但归根结底是在保险投资文化中的认知。

第三章
我国保险资产管理数字化的历程和现状

第一节 我国保险资产管理数字化的发展历程

一、萌芽阶段：《保险法》之前的保险资产管理科技萌芽（1978—1995 年）

在 20 世纪八九十年代的经济过热，以及"全民皆商"和"大办三产"热潮中，很多保险公司卷入其中，投资了很多企业、房产，还有拆借等，形成了不良资产。

这一时期，保险公司科技建设处于摸索萌芽期，主要是参考国内先行的大型银行的经验，在风险凭证票据管理方面进行一些初步的尝试，主要局限于保险公司内部电脑信息部门和资产管理部门的一些协同配合。应用场景也非常有限，局限于单据、凭证、网络建设等基础性工作。

二、探索阶段：集中资金运用管理的科技尝试（1996—2003 年）

1995 年我国第一部《保险法》诞生，对保险资金运用的投资领域和基本原则作出了明确规定,严格将保险资金投资范围限定在银行存款、国债和金融债等领域,保险资金运用由大乱转为大治,安全性为上,但同时也带来投资渠道单一、投资能力低下、体制机制滞后等问题。

主要特点:一是依赖于大型银行推动,保险机构参与不足。二是主要目的是完成业务和系统集中,解决早期基础设施建设的问题。三是资产管理业务尚未成形,而是包裹在保险公司内部的部门或业务模块中。

三、起步阶段:设立保险资产管理公司后的数字化发展(2003年至今)

2003年,中国人保资产管理股份有限公司正式成立,拉开了保险资产管理公司设立的序幕。同年,原保监会成立了资金运用监管部,标志着中国保险资产管理专业化、集中化、规范化体制的确立和专业化监管的起步。

这个阶段主要的任务之一是化解不良资产,包括化解高利率保单风险,同时逐渐上收了保险资金的使用权至法人机构。因为过去任何一家保险公司总公司、各部门及分公司都可以运用保险资金,在此期间内全部上收到法人机构,由保险机构总部集中统一管理运作。

这一时期保险资产管理数字化的特点:一是大型保险资产管理公司开始成立IT科技部门,投入专门的资源保障。二是开始建设信息系统,推进全面业务信息化和电子化。同时,一些头部机构开始打造以数字化为驱动的投研一体化平台。

第二节 保险资产管理所处的数字化环境和监管环境

一、我国资产管理行业发展状况

第一,大资管规模首度突破130万亿元,年均复合增长率超过15%。截至2021年6月末,我国各类资产机构管理资产规模达到132.3万亿元人民币,较7年前(2014年58.8亿元)增长125%,年均复合增长率超过13%。总体而言,虽然经历了2017年资管新规后的阶段性调整,但随着资管新规过渡期行将结束,我国大资管行业破旧立新、陆续出清,基本上摒弃了以"通道""类信贷"模式下的发展思路,形成以"投研能力为引领、市场化配置资源"的平稳发展阶段(见图3-1)。

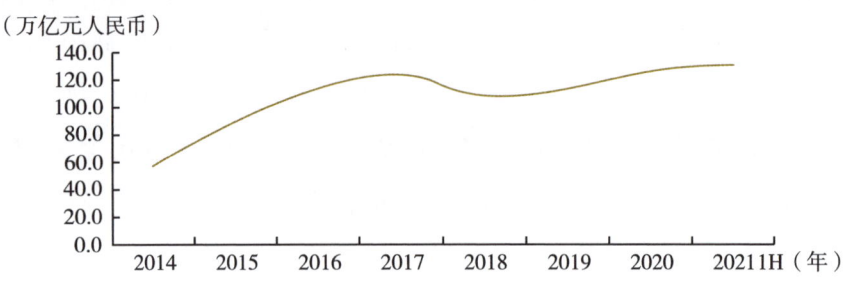

图3-1 中国大资管规模(AuM)数据(2014—2021年)

资料来源:中资管金融科技研究院整理

第二,大资管占国民经济比重逐步攀升,是金融供给侧结构性改革成果的重要体现。从占经济比重看,截至2020年底,我国资产管理业规模占名义GDP比重为125%,较2014年(91%)上升了34个百分点。

该占比反映出，资产管理在人民群众和社会经济运行中的渗透率逐步提升，经济与资产管理融合的趋势更加明显，体现出资产管理对于促进直接融资、优化金融供给、活跃资本市场的重要作用（见图3-2）。

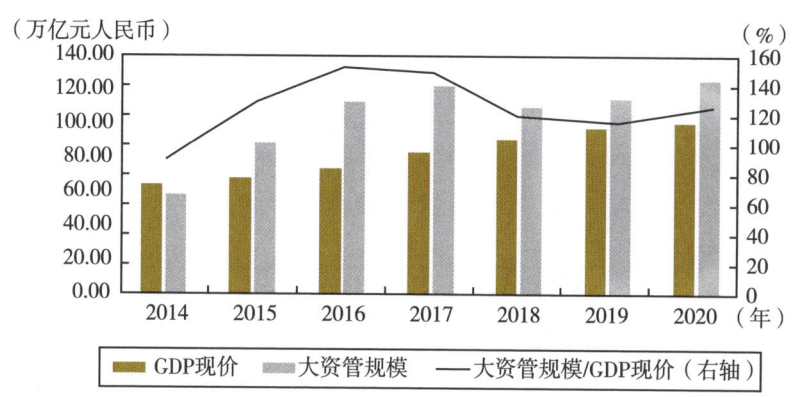

图3-2 大资管规模与GDP比较（2014—2020年）

资料来源：中资管金融科技研究院整理

第三，保险资金运用持续增长。截至2021年6月末，保险资金保持了持续增长的势头，资金运用余额（不含第三方资金）超过信托达22.2万亿元。公募基金公司实际管理资产（AuM）余额达34.2万亿元，超过传统的银行理财规模（25.8万亿元）。其中，公募基金产品23万亿元，基金子及专户余额7.6万亿元，基金管理养老金余额3.6万亿元。同期，信托资管规模虽然略有收缩，但存量规模也有20.6万亿元。具体结构见表3-1。

表3-1 中国大资管规模（AuM）数据（2014—2021年）

（单位：万亿元）

监管机构	指标名称	2014	2015	2016	2017	2018	2019	2020	2021年上半年
银保监会监管	银行理财产品	15.0	23.5	29.1	29.5	22.0	23.4	25.9	25.8
	保险资金运用	9.3	11.2	13.4	14.9	16.4	18.5	21.7	22.2
	信托产品	14.0	16.3	20.2	26.2	22.7	21.6	20.5	20.6

续表

监管机构	指标名称	2014	2015	2016	2017	2018	2019	2020	2021年上半年
证监会监管	公募基金产品	4.5	8.4	9.2	11.6	13.0	14.8	19.9	23.0
	基金子及专户产品	5.9	12.6	16.9	13.7	11.3	8.5	8.1	7.6
	基金管理养老金产品						2.4	3.4	3.6
	券商资管产品	8.0	11.9	17.6	16.9	13.4	10.8	8.6	8.3
	私募基金	2.1	5.2	7.9	11.1	12.7	14.1	17.0	18.9
	资产支持专项计划						1.6	2.1	2.2
	期货公司资管产品	0.0	0.1	0.3	0.2	0.1	0.1	0.2	0.3
	大资管规模	58.8	89.2	114.5	124.3	111.7	115.9	127.2	132.5

资料来源：中资管金融科技研究院整理

二、我国数字化兴起对保险资产管理行业的影响

一是保险资产管理行业普遍将数字化转型作为重要的发展方向。在参与中国保险资产管理行业数字化转型情况调研的30家保险资产管理公司中，有29家认为数字化转型非常必要，但仅有13家认为自身已处于数字化发展阶段，16家认为自身处于信息化阶段，1家认为自身处于智能化阶段。具体来看，多数公司认为自身在满足刚需层面已经实现了或部分实现了数字化，但在提升效率、规范管理和决策支持层面的数字化程度稍显不足（见图3-3）。

二是将"控制风险"作为数字化首要目标，成为保险资产管理行业共识。根据30家保险资产管理公司在数字化转型目标的汇总结果，25家选择了控制风险，18家选择了降低成本，各有14家选择了增加营收和业务创新，各有11家选择提升客户满意度和促进业务转型。超过20家希望在数字化转型过程中提升投资研究、集中运营、风控计量和组合管理的能力，选择提升量化投资和渠道获客能力的只有8家。

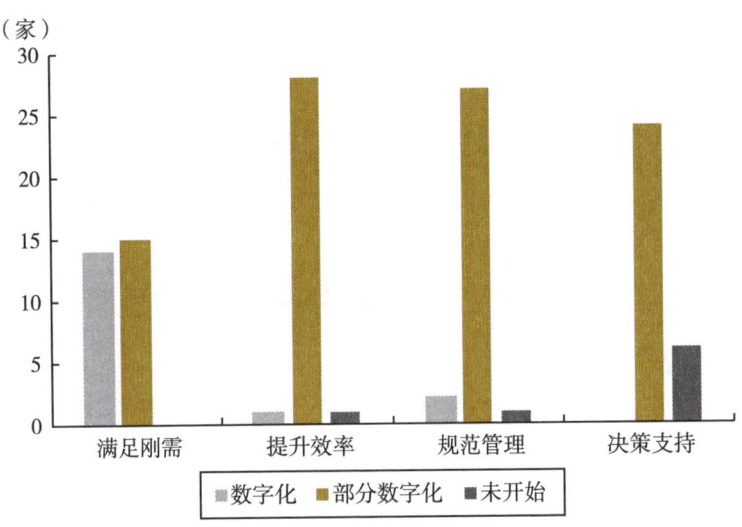

图3-3 保险资产管理公司当前数字化程度分析

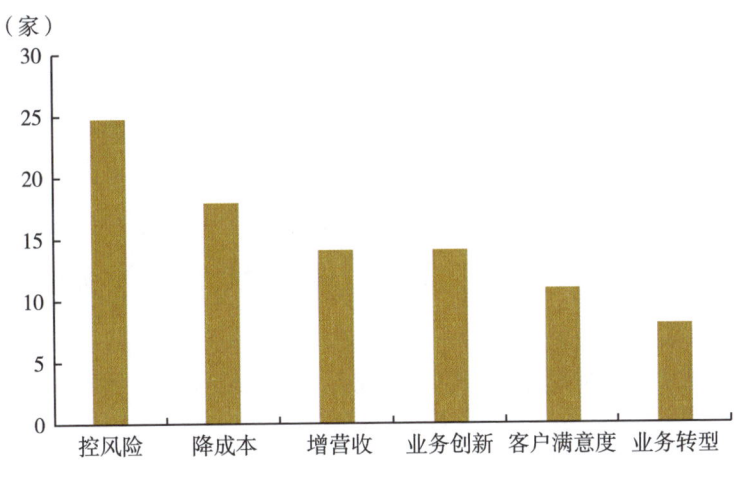

图3-4 保险资产管理公司期待数字化转型中的目标分析

三是普遍建立了数字化战略框架。在数字化管理层面，主要由管理层信息技术委员会承担决策和牵头工作。在30家填写问卷的保险资产管理公司中，有19家由管理层信息技术委员会承担数字化转型工作的决策机构，22家由管理层信息技术委员会承担数字化转型工作的牵头机构。在数据治理工作层面，18家由管理层信息技术委员会承担数据治理工作的决策机构，9 家由管理层信息技术委员会作为数据治理工作的牵头机构。此外，公司董事会、信息技术部门也在数字化转型和数据治理工作中承担一定的管理职责。

三、我国对保险资产管理数字化方面的监管要求

一是出台了《关于规范金融机构资产管理业务的指导意见》（以下简称"资管新规"）后，保险资产管理产品与其他资管产品处于统一的监管标准下，倒逼保险资产管理行业转型发展。自 2012 年以来，原保监会连续出台资金运用监管政策，大幅地放宽了保险资金投资范围。与此同时，随着原保监会《保险资金委托投资管理暂行办法》《保险机构销售证券投资基金管理暂行规定》以及证监会《资产管理机构开展公募证券投资基金管理业务暂行规定》等文件的陆续出台，保险资产管理公司、证券资产管理公司和基金公司之间的壁垒逐步被打破，保险机构的同台竞争程度、目标客户的同质化程度日益加剧，保险资产管理逐渐步入"大资管"时代。

2018 年中国人民银行《关于规范金融机构资产管理业务的指导意见》等一系列配套制度办法相继出台，彻底规范了整个中国资产管理业的生态体系，我国资产管理行业的"四梁八柱"开始逐步明确，一些着眼于监管套利、拉长链条、抬高成本甚至自我循环的扭曲发展方式已经丧失了生存空间。

二是在落实贯彻监管要求的过程中，保险资产管理行业对数字化的需求更加强烈。为了落实银保监会对于保险资金运用及投资偿付能力相关的监管要求，保险资产管理行业需要报送大量监管数据。这些数据都需要相关机构对底层数据进行采集、清洗、汇

总、上报，以供监管部门在监管工作中使用。数据成为监管部门数字化转型工作的重要驱动。中国银保监会在2020年公布了《保险资产管理产品管理暂行办法》，统一了保险资产管理产品监管标准，引导保险机构更好地服务实体经济。同年，又发布了《组合类保险资产管理产品实施细则》《债权投资计划实施细则》和《股权投资计划实施细则》三个配套细则。明确了三类产品的登记机制、投资范围、风险管理和监督管理等要求，这些要求具体落地，都需要数字化能力保障。

三是行业协会积极倡导数字化，大大提升了保险资产管理数字化工作效能。中国保险资产管理业协会，持续推进保险资产管理数字化工作，取得了显著成果。一方面，体现在基础设施建设和服务方面。上线产品注册系统、搭建保险资金股权投资和委受托投资信息报送系统、建设投资信息披露系统，做好监管授权业务，保障资产管理监管工作的稳健运行。另一方面，体现在行业交流服务方面。建立资管信息交互系统、搭建"资管云"平台、上线"基金一站通"，解决行业痛点问题，提升行业运行效率。开发保险资产管理产品估值模型，推进"网络通、系统通、数据通"的行业基础设施"大三通"战略，推动建设完整的行业数据库和一站式数据报送平台，推进互联互通，促进市场发展。上线会员服务系统、创建教育培训服务系统、建立信用风险监测系统，增强服务能力，提升服务水平。

四是体现在行业标准方面。启动保险资产管理行业数据标准建设，正在积极推进《债权投资计划数据标准》《股权投资计划数据标准》两项金融行业标准编制，为行业数字化奠定了标准基石。

第三节　保险资产管理核心业务环节的数字化实践梳理

一、投研环节

（一）原理

综合运用自然语言、机器识别、图像识别、人工仿生等技术，对投研各个环节提供服务。主要是通过三个渠道提供支持：信息渠道、辅助投资、市场分析。

（二）功能

体现在两个方面：第一，信息覆盖功能。除传统研究信息以外，其他信息成为研究非常重要的来源。第二，支持多元化投资功能。资产标的多元化，除股票、债券外，另类资产也成为投资标的。

（三）实践

投研产品研发以大型机构为主，部分中小机构尚未建立自身特色的投研系统，一般以外购系统为主。

> **平安资管案例**
>
> 为帮助投资经理更好地判断市场短期行情，平安资管利用基金公司及基金产品的相关数据综合编制了债市情绪指数。主要采用机器学习中的主成分分析（PCA）等方法，对基金杠杆率、交易

久期、买方直接接受卖方价格的成交占比等指标进行了处理，完成指数的编制。该指数的优势在于可以用单一的合成指标科学地描述其成分指标的综合趋势，也能对各成分的影响和贡献进行量化和分解。

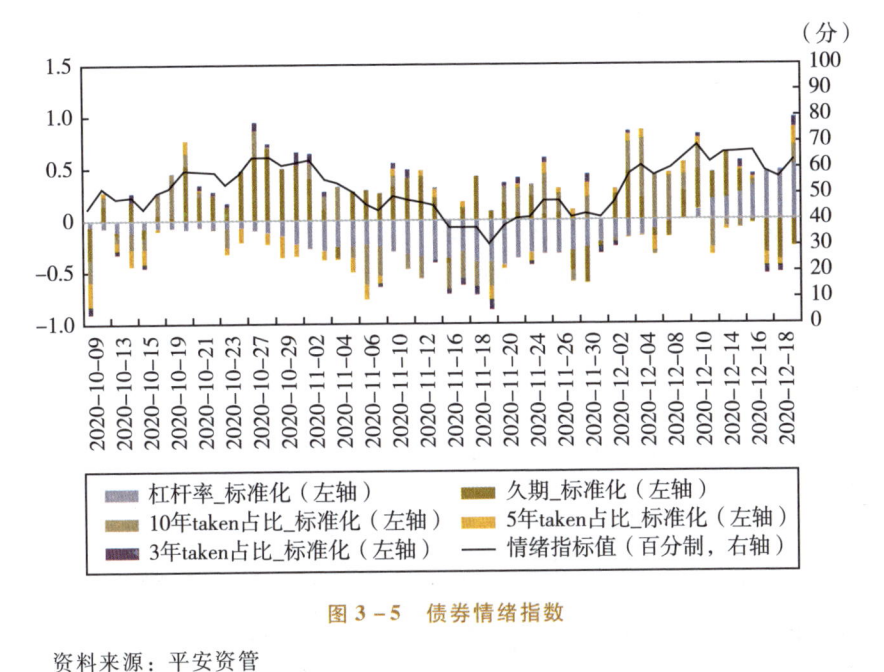

图3-5 债券情绪指数

资料来源：平安资管

二、数据管理环节

（一）原理

数字化转型过程中，数据成为重要的资产部分。对于数据管理，也是保险资产管理数字化价值的重要体现。

（二）功能

包括元数据、数据资产、数据标准等管理模块。

（三）实践

各个机构都启动了数据中心和数据管理建设工作，大型保险资产管理公司也启动了数据管控平台的研发。

国寿资产案例

CLIMB（China Life Investment Management Workbench）平台是国寿资产落实"重振国寿"战略的关键着力点。该平台的建设以及取得的成果依赖于基础设施的完善。

CLIMB 平台基于 PaaS 技术，建设了统一的数据中心；在数据中心的基础上，进一步整合了投资相关的共享服务；在统一数据以及共享服务的基础上，国寿资产推动供应商打破以产品为中心的建设方式，实施开放战略，最终形成了一体化的投资管理平台。

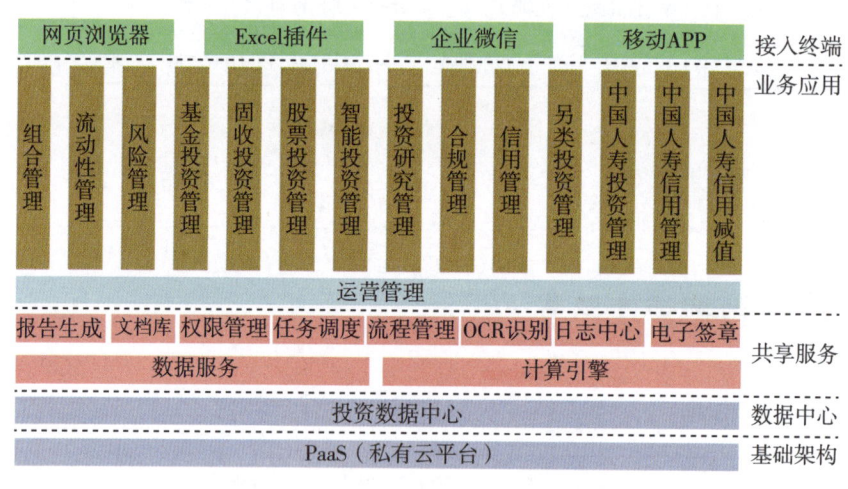

图 3-6 CLIMB 平台系统架构

资料来源：国寿资产

> 在统一数据中心以及共享服务的基础上，CLIMB 平台集中了国寿资产 85% 以上的投资数据，为公司投资管理过程中的不同角色用户提供了一站式、全流程的系统支持：为投资经理提供受托资产分析、流动性管理、委托管理、账户分析、组合分析以及收益测算等功能；为运营人员提供系统化的日常运营管理自动化工具，提升运营效率，降低操作风险；为风险管理人员提供风险评估、合规管理、信用管理等功能，提升主动风险管理能力；为另类投资人员实现另类投资投前、投中、投后全流程一体化管理。为各类客户提供综合的、全面的资产管理服务。

三、交易运营环节

（一）原理

随着公司投资管理规模的快速增长，提供的投管产品类型日益丰富，业务日常作业量也爆发性的增长，需要投入大量人力处理重复性、烦琐、低附加值的工作。交易运营环节的数字化，是对这些工作进行标准化的梳理和改进。

（二）功能

通常主要包含资金管理、证券管理、交易管理、净值披露管理等。

（三）实践

运营管理是各家机构的实际痛点，主要的实践方向是成功搭建智能投资运营辅助管理平台。

长江养老案例

长江养老智能投资运营辅助管理平台的实施,契合了业务的发展,创建了标准化、系统化、自动化的运营作业与管理体系,提供了行业领先的投资运营管理解决方案。项目采用了图像识别、自然语言处理(NLP)、人工智能 RPA 技术进行系统实现,为线下业务线上化、自动化、流程化提供支撑。通过集成员工的待办工作,全业务流程的可视化管理,关键节点的时延报警,多层级的任务看板等功能完善风险管理机制,持续提升运营效率与对外服务品质。

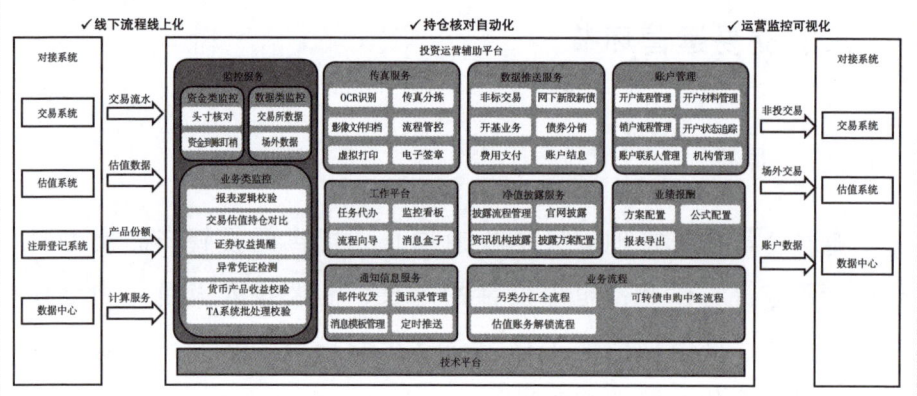

图 3-7 长江养老智能投资运营辅助管理平台应用架构图

资料来源:长江养老

平台从外部系统(如交易系统、估值系统、注册登记系统)实时抓取数据,并通过实时接口服务推送数据供下游使用,解决了公司产品采购系统之间无法交互的问题。平台通过 OCR 技术 24 小时不间断智能识别邮件或传真文件,解析相应要素对接流程引擎,并自动发起业务流程。如传真收到的开放式基金确认单据,自动识别后将该单据判定到基金确认任务下,员工到待办任务中去认领该任务即可,可以省去每日收取大量传真并分拣的环节,节省人力。平台利用人工智能 RPA 技术,对单一重复性环节作业进行自动处理。目前,已完成了政策下载、受托人提取指令分拣、日终自动化估值、确认单与对账单打印、转入转出单与申购赎回确认单、银行间日报下载报送、确认单对账单打印迭代、产品层日常估值流程、每日估值表锁定、增值税发票开具、批量付费指令等多个场景的 RPA 智能运用探索。

四、风控环节

(一) 原理

运用大数据、人工智能技术,结合自身丰富的风险管理经验,搭建风险管理金融科技智能化平台。聚焦如何在短时间内快速寻找各类数据与信息的关系,抓住市场演化的逻辑和可能面对的风险,助力信用风险管理。

(二) 功能

主要包含智能调节、风险预警、量化判断等。

(三) 实践

大型机构已经完成了具有自身特色的风险管理体系,并形成了科技产品对外输出,但中小机构仍处在跟随的阶段,以外购系统为主。

平安资管案例

平安资管在信用风险管理进入融合专家经验＋大数据＋人工智能预警系统阶段，解决财务指标，更新频率较低，并不一定能反映企业真实情况，未考虑关联方风险传导影响等因素，将市场面、基本面直接作为因子输入模型，舆情模型、财粉模型的输出作为预警模型的输入，加入风险传导调节项等。在风险传导量化方面，借助知识图谱，结合股权、对外投资、担保等关联关系，基于概率图算法，结合业务经验和人工智能，探索量化风险传导规则，生成关联风险传导路径。

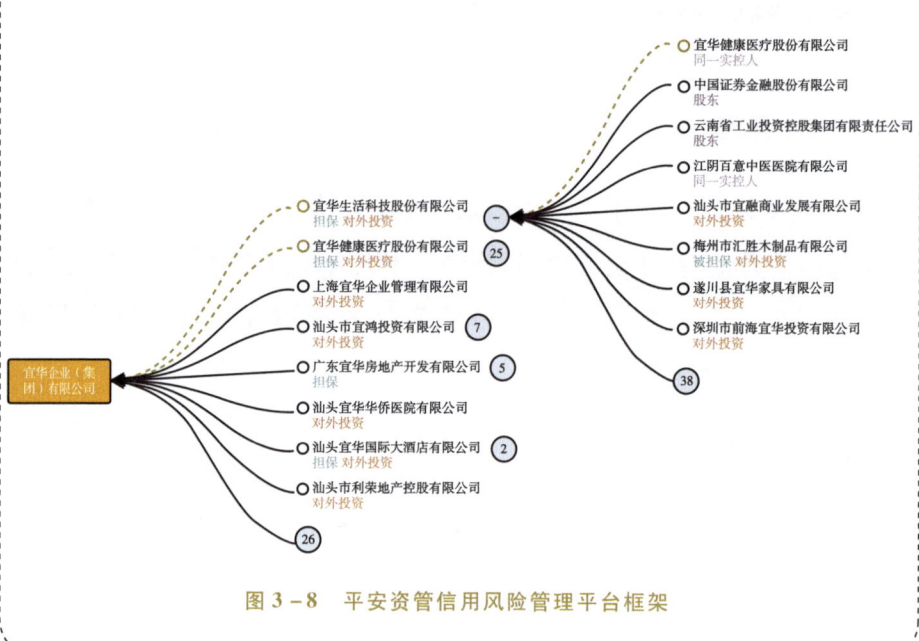

图3-8 平安资管信用风险管理平台框架

第四节　市场和科技服务商的情况

一、中小保险资产管理公司及行业数字化整体情况

在数字化投入方面，参与调研的保险资产管理公司2018—2020年数字化投入总金额分别为8.4亿元、12.3亿元、13.9亿元，年均投入11.5亿元。投入最高的机构年均维持在2亿—4亿元，投入最低的机构年均不足1 000万元，机构间对数字化转型资金投入有较大的差距。

从分项投入来看，信息安全投入和数据中心投入增速迅猛，2018/2019年、2019/2020年年均复合增速分别达22%和35%。此外，保险资产管理公司申请专利数从2018年的0上升至2020年的76个，实现了从无到有的过程。2018—2020年申请软著的数量也突破了50个，呈总体增长态势。

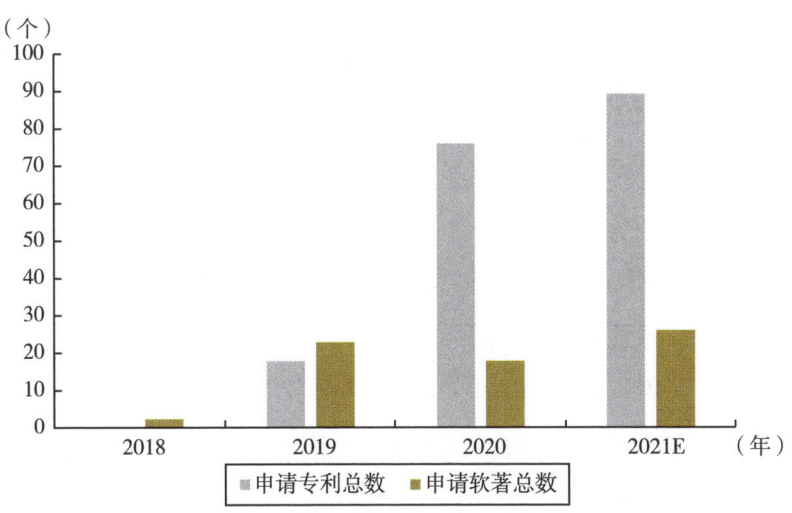

图3-9　被调研机构申请专利和软著的情况分析

信息基础设施建设方面，参与调研的 30 家保险资产管理公司中，有 24 家处于"两地三中心"的规划或建设阶段。仅有 19 家建设了云平台，其中公有云、私有云和混合云占比分别为 21%、16% 和 63%。数据平台建设方面，半数机构已完成数据仓库或集市的创建，但大多数机构的大数据平台和数据中台仍处于规划或建设阶段。数据内容建设方面，大部分机构数据存储量小于 10TB，数据存储量大于 50TB 的机构仅有 2 家。数据模型与计算方面，统计模型与计算受到普遍支持，支持分布式计算、流计算、AI 模型与计算的机构数分别为 10 家、5 家、4 家。数字化前沿技术研究与应用方面，专注 OCR、AI 和 NLP 的分别有 18 家、13 家和 11 家。仅有 2 家关注区块链领域。

二、保险资产管理科技市场格局情况

保险资产管理科技正在改变中国保险资产管理业格局，一批有特色、有场景的科技企业正处于快速发展时期。

第一类，头部保险资产管理机构和保险公司的科技子公司。头部保险资产机构加大了金融科技实践探索力度，加快了应用大数据、云计算和人工智能等新技术，推动投资体系、风险管理、运营模式持续优化和创新，并逐渐开始对外输出其投资理念和优势技术。截至 2021 年 5 月，保险系金融科技子公司已超过 20 家。凭借数据和业务体量优势，这些科技子公司在服务保险业务的同时，正在向传统的资产管理领域进行延伸。

第二类，传统的金融领域科技厂商（外包型）。IT 赋能传统金融，市场空间广阔。金融市场的客户群体涵盖个人、机构及政府，只要是金融产品和服务的终端接受者，都可以划入客户范围，整体市场空间非常广阔。2019 年，我国 GDP 逼近 100 万亿元大关，经济总量创历史新高，人均 GDP 超过 1 万美元，代表国家综合经济实力和社会财富的增加。IT 技术升级传统金融业务，提供更具有效率的服务。其中，头部金融机构往往加大研发投入、自建科技力量，而中小企业则购买中游企业的 IT 服务，偏好使用产品化的金融服务系统。

第三类，新兴的互联网平台系公司（平台型）。在牌照业务逐渐同质化的过程中，客户端的渠道资源及平台流量的重要性逐渐突出。此类公司凭借渠道及流量优势向银行、保险、券商等传统金融机构收取客户分流佣金、流量变现费用，并为机构提供潜在客户群体，其核心竞争力在于渠道扩张的能力和客户黏性，变现快速且随着市场的快速活跃而展现出较大的业绩弹性。

第四类，底层技术服务商（基础设施型）。体现出了强者恒强的特点，政策护航前景广阔。底层技术服务商主要从事银行、保险、券商等行业的应用软件开发，兼营计算机硬件代理和销售，普遍依托自身强有力的计算机技术，向中下游企业出售开发的交易系统与硬件更新服务，属于底层架构的设计者。该类企业逐步呈现马太效应，头部公司发展平稳，抢占绝大多数的市场份额；中小企业大力发展特色类业务，奋起直追。目前，我国正处于有利于金融科技良性发展的政策环境中，《金融科技发展规划（2019—2021 年）》提出大力支持金融科技创新，2019 年以来资本市场制度改革深化，带来了交易和估值系统升级改造的增量需求，为提供底层架构的技术服务商带来了业务增量。

第四章
我国保险资产管理业数字化转型的挑战

第一节　法律环境及监管政策仍有空间

一、数据资产及信息保护机制尚未全覆盖

（一）数据资产信息保护问题不容回避

随着新一代信息技术的飞速发展，数字经济已成为经济发展的重要引擎，并深刻影响着人们日常生活的方方面面。2020年4月9日公布的《中共中央　国务院关于构建更加完善的要素市场化配置体制机制的意见》，将数据纳入生产要素范围，明确加快培育数据要素市场。2021年9月1日起正式施行的《数据安全法》，以律法形式正式明确"国家实施大数据战略，推进数据基础设施建设，鼓励和支持数据在各行业、各领域的创新应用"，并支持企业、社会团体、行业等确定其重要数据具体目录，参与相关标准制定，落实并明确数据保护组织结构与责任人，在数据安全风险评估、防范、处置等方面开展协作，定期报送风险评估报告等。同时，人民银行、银保监会等机构先后出台了对应数据资产及信息保护相关的金融行业指导及建议，保险资产管理行业应当加速完善自身在数据资产及

信息保护方面的操作性规范与指引。

(二) 数据资产流动不充分

数据资产的流动,会产生巨大的社会利益,数据资产越早进入企业,越能够尽早为服务对象带来巨大的红利。数字资产的流动往往以信息服务或科技产品为载体,通过针对30家保险资产管理公司的调研,发现当前形成科技产品并对外提供服务的机构占比约为6.7%。而且即使在保险资产管理公司内部,仍有33%的机构存在不同程度的内部数据流通障碍。影响保险资产管理行业数据资产流动性的原因较多,从行业的视角来看,保险资产管理行业需要进一步探索建立统一规范的数据资产管理政策,提高数据质量和规范性要求。行业应研究完善数据产权归属机制,并根据相关法律法规制定数据隐私保护制度和安全审查制度。行业需要进一步加快完善适用于大数据环境下的保险资产管理行业数据分类分级和安全保护机制,消除保险资产管理业务相关数据资产关联方对数据安全保护的顾虑,促进数据资产的流动。

二、金融科技监管政策有进一步完善的空间

一是金融科技监管政策的覆盖广度不够。以金融科技为代表的新数字化金融业态正引领行业迈向数字经济时代。金融科技本质上是一种技术驱动的金融创新活动。全面广泛的金融科技监管政策,一方面,应当指引金融部门更好地服务实体经济的发展;另一方面,它能够在防范化解金融风险层面发挥最大效能。

二是金融科技监管政策的穿透性不足。金融科技作为资产管理行业的变革力量,其创新与应用为行业带来全价值链提升,但是由于金融与科技产品的业务边界模糊造成法律定义偏差甚至缺位,金

融科技的跨界经营和交叉融合派生出的新型监管盲点，特别是随着大型金融科技公司的不断增多，加强其风险管控和金融监管的穿透性是保护市场健康发展的重要保障。

三是金融科技监管的智能化水平有待提升。传统金融监管的有效性依赖于监管体系的微观审慎监管规则，如风险监管是以监管资本为核心，以设定资本充足率为微观准则，但是现在会逐渐转化为对技术本身的监管，监管有效性将更多取决于技术风险的控制而非微观监管标准的强化。人工智能是金融科技监管发展的重要方向，但当前监管人工智能应用水平总体偏低，人工智能与金融科技监管结合不够充分。

三、大资管细分门类缺乏协同

一是保险资产管理行业的数据资产细分门类的标准不明确。由于投资范围、资本计提、分级杠杆等业务标准在不同行业存在差异等因素，出现了不同金融机构相互合作、多层嵌套的资产管理业务模式，对应的数据资产标准缺失、标准不明确，造成资产管理行业业务总体协同困难。

二是监管职能分散在不同的政策监管部门，监管协调效率存在差距。"资管新规"后，我国实施中国金融监管体制改革方案，将资产管理行业划分为两个部门（中国银保监会、中国证监会）所属的"七类机构"（券商子、期货子、基金子归属证监会；理财子、信托、AMC、保险资产管理机构归属银保监会）。随着"资管新规"的深入推进，已在整治金融乱象和补齐监管短板上下足功夫并取得一定成效，但在效率和沟通协作机制上，还有进一步提升的空间。

第二节　行业基础设施建设有待提升

一、行业基础建设与行业云平台发展需要夯实

（一）行业基础设施技术服务能力有待整合完善

由于历史原因，保险资产管理业务基础设施平台分散，平台之间规划独立，建设独立，缺少技术层统筹规划，基础设施平台盲点、奇点与重复建设共存，迫切需要建立统筹规划体系，协同完善行业基础设施整体布局。

（二）缺少统一权威的行业云基础平台

云平台技术可以有效提升行业总体服务、监管水平。由于缺少统一权威的行业云基础平台，保险资产管理公司只能依托各机构自身技术、资源能力开展云平台建设，云化应用水平参差不齐，各成体系，存在一定的重复投入与资源浪费，同时不利于形成行业云生态。通过对30家保险资产管理机构调研，其中4家在同步开展公有云平台建设，占比为13.3%；15家已建成或正在建设自身的私有云或混合云平台，占比为50%；11家尚无云平台支撑，占比为36.7%。从业务上云情况看，只有不到7%的机构核心业务基本上云；约33%的机构非核心业务局部上云；60%的机构完全未上云。

（三）公共应用建设缓慢

保险资产管理公司参与行业公共应用生态建设不足，缺少与行

业公共应用协同发展的动力与规划指引。保险资产管理公司过度强调自身建设的独立自主与安全可控，优秀成果向行业输出缓慢，不利于行业应用生态健康发展。

二、行业技术与科技标准有待完善

（一）缺乏统一完整的行业标准

我国现有金融行业标准 286 项，尚未有资产管理行业的相关标准，资产管理行业标准散落在证券、银行、保险等多个板块中。

（二）标准建设进度迟缓

"资管新规"虽然在政策与操作上对资产管理业务的开展提供了规范指引，但尚未完成行业标准化的落地与推广。资产管理业务机构在法规指引下，实现流程规范化，但在标准层面无据可依，自由发挥不利于行业数字化对接与共享。

（三）保险资产管理行业标准体系建设路径有待厘清

2021 年 10 月 10 日，中共中央国务院印发了《国家标准化发展纲要》，确立了"到 2025 年，实现标准供给由政府主导向政府与市场并重转变，标准运用由产业与贸易为主向经济社会全域转变，标准化工作由国内驱动向国内国际相互促进转变，标准化发展由数量规模型向质量效益型转变。标准化更加有效推动国家综合竞争力提升，促进经济社会高质量发展，在构建新发展格局中发挥更大作用"。并明确提出"健全和推广金融领域科技、产品、服务与基础设施等标准，有效防范化解金融风险"的要求。纵观保险资产管理行业标准化建设，当前面临标准构成范围尚不清晰，标准化建设缺少蓝图设计与实施路径指导，标准化建设专业人才队伍、相关组织构成以及设施支撑相对薄弱的问题。

三、行业自律力量及协调资源能力亟待加强

（一）行业协会力量单薄

一方面，人力投入与保障不力。行业协会大多源自体制内事业单位，在人员编制和人员结构方面受到制约，影响了整体效能。另一方面，基础设施建设资源有限。囿于财务预算和经费限制，作为民间非营利组织的协会，很难实施较高投入的科技采购项目。这对于行业基础设施等项目，会有潜在的影响。

（二）缺乏第三方权威的行业机构

以国际知名的第三方资产管理行业组织——亚洲证券业与金融市场协会（ASIFMA）为例，该组织成立于2006年，是一个独立的民间区域性非营利协会。主要职能：

1. 承接亚洲资产管理行业标准。
2. 接受会员委托的课题和研究咨询服务。
3. 整合信息数据，搭建区域金融信息共享平台。
4. 营造区域金融业者朋友圈，组建金融科技和机构的联盟。
5. 组织或代表会员与相关区域及全球政府间及非政府间金融合作组织沟通对话。

（三）行业协调机制有限

1. 行业间协调困难。行业职能分散在不同的主管部门，各部门间关联关系复杂，跨部门协调效率低下。

2. 机构协调机制薄弱。机构间缺少有效的沟通渠道，普遍通过单点联系，沟通成本较高，不利于行业有效资源的共享。

3. 科技企业缺乏协调，导致重复建设、低价竞争。

第三节　保险资产管理公司数字化基础薄弱

一、数字化资源要素不充分和不均衡

（一）人员投入不足

1. 投入绝对数量有限。保险资产管理公司轻资产商业模式决定了行业难以大规模投入大量金融科技人员。截至2020年底，保险资产管理行业金融科技人员数量不足1 000人。金融科技水平难以完全取代人力作用，短期内很难释放可观人力。从人才缺口类型上看，90%的保险资产管理公司迫切需要增强数据治理及相关数据技术人才；基础设施和信息安全方面人才，约50%存在较大迫切性；在人工智能、隐私计算等前沿领域，约36%在创新方面缺少此类人才。

2. 人员培养周期长，缺少可持续的人员来源渠道。保险资产管理科技人才需要熟悉保险资产管理业务、兼具科技开发能力以及互联网思维，行业人才储备有限。行业内普遍采用"自身金融专家+技术外包"的模式解决人员投入问题，人员队伍流动性大，影响技术和创新稳定性。在造成金融科技数字化转型人员流动性大方面，除了对口人才基数小、重复建设引发的人才竞争之外，保险资产管理公司自身在人才管理方面还有较大提升空间。在当前人才流动中，53%的原因与职业发展空间及员工激励有关。

（二）资源投入不足

一方面，保险资产管理公司虽然已经认识到科技对投资价值贡献的重要性，但是受限于人才、技术的获取等客观因素的制约，短期内资源投入无法做到飞跃式的增长。另一方面，持续激励机制有待完善，绩效挂钩的分配方式在某种程度上阻碍了科技投入。

（三）投入差距较大

国内保险资产管理头部机构与中小机构存在较大差距，行业投入水平极不均衡。保险资产管理行业2020年信息技术投入平均值为4791.38万元，其中头部机构投入规模最大达3.5亿元，而中小机构投入最少的约为400万元，两者相差将近百倍。

二、同质化竞争

（一）技术雷同，创新性有待加强

机构在数字化建设上普遍专注于流程化、功能化建设，方式上采用自身业务指导与科技成熟厂商合作模式，技术产品选型、技术功能相同或相似，而面对关键技术瓶颈，又投入不足，无法形成有效突破。

（二）机构壁垒高

保险资产管理行业缺少体系化标准指引，各机构依据自身数字化建设水平设立机构内部标准，形成各种壁垒，影响数字化转型质量和效率。

（三）重复建设，消耗科技投入成本

数字化浪潮下，金融科技已经成为全球数字经济发展的核心驱动力。与之前相比，各家保险资产管理公司普遍对金融科技投入有所加大。但限于数据安全和竞争需要，往往不愿意把数据共享在"云端"，而是偏好本地部署，导致实施成本居高不下，大量项目重复建设，行业复用率低。

三、业务引领不足，缺乏创新基因

（一）缺少传统业务与数字化融合的有效制度与保障支撑

组织结构上看，业务与科技体系相对独立，而科技引领业务创新是一个交叉领域，业务与技术双方各有优势同时又互存能力短板。保险资产管理公司在制定数字化转型相关制度、流程及考核标准时，未能有效统筹科技与业务，形成制度保障合力，导致科技引领业务创新的发展目标在落实上意愿或能力不足。

（二）未能有效激发业务团队在科技引领业务创新意愿

科技引领业务创新对各机构而言普遍是一个新领域，可参考的成功案例不多，业务团队因组织业绩目标、自身经历、技术视野等因素，在未见到成熟科技应用成果时，对科技引领业务创新普遍持观望、配合态度，突破传统的主动性创新不强。

（三）科技引领业务创新缺少业务深度

当前，科技引领业务创新的驱动力普遍来自科技团队，而科技团队在科技引领业务创新上较多关注普遍技术热点，唯技术论，为创新而创新，忽略创新的业务因素，致使创新留于表层，方向单一，投入产出比偏低。当前在调研的保险资产管理公司中，面向业务主体流程的开展科技创新的机构约为7%，更多的机构创新方向聚焦于技术领域，包括RPA、OCR、NLP、大数据平台等技术应用。

第四节 保险资产管理科技市场有待规范

一、科技厂商良莠不齐

科技厂商恶性竞争。在市场竞争压力下，科技厂商普遍依赖销售驱动。在产品创新力有限的情况下，往往被动采取低价竞争的策略。国内某大型的云服务提供商面对市场竞争，也只能通过价格战来获得市场。

不利于鼓励中小科技企业创新。自建型企业通过母体优势，平台型企业通过流量优势，外包型企业通过人力优势影响市场资源配置，对中小科技企业创新形成很大障碍，不利于金融科技创新发展。

二、科技发展具有天然垄断性，存在反垄断压力

第一，大型金融科技公司利用平台优势，已形成事实垄断。大型金融科技公司经过多年行业深度经营，在形成科技平台后，通过设置人为技术壁垒，对保险资产管理公司形成事实技术或服务绑架，限制业务核心创新自由度与合作伙伴选择范围。当前在调研的保险资产管理公司中，超过87%存在对同一金融科技公司及其平台、产品、服务的强依赖，且在短期内无法替代。

第二，垂直型金融科技公司利用在位优势，控制金融科技服务中关键的业务环节，形成了相对垄断。部分金融科技公司聚焦于提供业务某些关键环节的业务系统，但系统标准化、开放性设计不足，一旦形成占位，机构难以根据自身科技发展创新要求进行灵活掌控，进而形成阻碍机构开展科技创新的环节壁垒。在调研保险资产管理公司中，约43%的机构存在选择在对应环节金融科技产品或服务后，导致其对供应商的强依赖。

第三，行业面对金融科技垄断行为，尚未形成指导性应对规范或指引。金融科技的反垄断是全行业行为，2021年2月7日国务院反垄断委员会印发《关于平台经济领域的反垄断》指南，是关于互联网平台的重要指导，但保险资产管理行业尚未形成指引本行业开展金融科技反垄断的相关指导，无法形成行业反垄断合力。

第五章
我国保险资产管理业数字化转型

第一节 把握我国数字经济战略机遇,全面提升保险资产管理行业数字化水平

一、响应国家数字化发展、自主创新战略,探索发展新格局、提升自主可控能力

《中华人民共和国国民经济和社会发展第十四个五年规划和2035年远景目标纲要》提出,迎接数字时代,激活数据要素潜能,推进网络强国建设,加快建设数字经济、数字社会、数字政府,以数字化转型整体驱动生产方式、生活方式和治理方式变革。保险资产管理行业要积极响应数字化强国战略,把握历史机遇,探索行业创新发展的新局面,砥砺推动保险资产管理行业整体数字化水平引领世界。

同时,保险资产管理行业要在数字化转型的过程中,积极落实国家总体安全观,维护国家安全和战略利益,保安全、促发展。推动保险资产管理科技水平持续提升,强化行业数字化基础设施的自主创新能力。在借鉴国际经验的同时,更要防范"卡脖子"的风

险，在关键技术、关键场景上掌握主动权，提升资管行业数字化的自主可控能力。

二、对标国际先进经验，进一步完善保险资产管理行业数字化顶层设计

从我国金融对外开放上看，外部竞争与融合进程正在不断深化，金融对外开放力度、涉及范围前所未有，对资产管理行业的"七类机构"（券商子、期货子、基金子、理财子、信托、AMC、保险资产管理）及相关资管领域都产生巨大影响。我国保险资产管理业发展起步晚，需要同时面对不断加剧的对外竞争和内部监管格局变化的挑战，发展空前困难。

从国际上看，欧美国家领先的资管机构已经率先进入数字化时代，通过科技不断加深国际竞赛护城河。而坚定推动数字化转型亦将是我国保险资产管理行业的破局之路，资管科技可以帮助行业机构修炼内功，完善自身风险管理、深挖护城河，扩大品牌影响力，降低运营成本、创造新的收入增长点。我国保险资产管理行业可充分依托中国超大规模市场优势、大数据资源优势、多样化的场景优势，牵住自主创新的"牛鼻子"，在丰沃的土壤上快速、健康地成长。

基于此，保险资产管理业数字化发展首先要完善顶层设计：

（1）坚持七大基本原则。坚守支持深化改革、解决行业痛点、坚持需求导向、服务实体经济、严守创新底线、促进风险防范、倡导开放共享。

（2）健全行业法律法规。完善法律制度、监管政策，强化投资者教育及保护机制等。

（3）深化行业机制及设施。完善行业规则，建设行业发展基础

设施，强化行业交流共享机制，鼓励行业创新机制等。

三、贯彻法律法规，完善保险资产管理行业数据资产及信息保护机制

第一，在保险资产管理业数字化进程中，数据是至关重要的生产要素，由数据加工、积累、关联等产生的信息再进一步质变递进沉淀为资产。数据系统的建设将是行业发展、数字化转型的基础，也是金融管理部门提升监管有效性的重要工具。

第二，行业数字化的典型特点是数据高度密集、数据资产高度机密，要进一步完善数据资产及信息保护机制，为保险资产管理数字化提供基础保障。

第三，我国各类金融资产管理机构分属于不同的监管部门，在数据报备的标准上存在较大差异，不仅增加了机构在日常运营中的数据整理报备压力和运营成本，而且不利于金融监管部门掌握全面、及时的行业信息。

目前，我国共有 32 部法律对不同领域的"数据"作出了规定，包括《民法典》《网络安全法》《消费者权益保护法》《电子签名法》等，对相应的信息汇集、授权、责任、义务等进行了规定。另外，《数据安全法》已经实施，中国人民银行也发布了《征信业管理条例》。但是针对金融行业、资产管理行业所产生的金融数据和数字资产的获取、加工、处理以及使用机制仍未完全明确，应尽快建设以保护金融数据资产及信息的保护规则及机制。

第二节 依托行业力量和资源，夯实标准建设，进一步壮大行业力量

一、统筹保险资产管理行业资源，建设行业基础设施

一是解决行业公共基础设施供给方薄弱的问题。目前，保险资产管理科技相关实践及应用存在较大缺口，导致保险资产管理机构各自为政的现象尤为突出，存在大量人力、财力、物力的重复投入，造成行业资源的过度消耗及浪费。

二是依托行业协会，充分整合资产管理行业资源，建设以公益性、公立性、服务性为宗旨的行业公共服务。加大行业在资管科技人员培养上的投入，推进建设保险资产管理科技赋能行业的交流沟通平台。辅助监管部门推动行业数据系统建设与管理，实现行业风险监测与管理等监管功能。

三是接入市场活跃要素，借助行业平台推动保险资产管理机构、资管科技公司对外输出云计算处理能力、人工智能、区块链等核心技术及产品，辅助监管部门加快行业基础设施建设及推动行业整体数字化转型。

二、发挥行业协会引领作用，建立资管行业标准

一是搭架构，推动成立资管标准化工作委员会。全国金融标准化技术委员会（SAC/TC 180）（以下简称"金标委"）是国家标准化管理委员会授权，负责金融标准化技术归口工作，下设证券、保

险、印制三个分技术委员会，分别负责开展证券、保险、印制专业标准化工作。建议增加资管标准化工作委员会，坚持专业、开放、共建、共享的标准建设原则。吸引和形成一批行业数据标准化专家，持续推进数据标准化工作，为行业打造一套高质量的数据底层标准建制。

二是跨门类。落实"资管新规"，在各个资产管理行业建立统一标准。资产管理行业标准应覆盖两个部门（中国银保监会、中国证监会）所属的"七类机构"（券商子、期货子、基金子归属证监会；理财子、信托、AMC、保险资产管理机构归属银保监会）。

三是建机制。建立跨部门、跨协会、跨市场、跨机构的资产管理行业标准联席合作协调机制，在标准制定过程中，各成员单位之间各有分工、各有侧重、相互支持配合，充分信息共享、推动行业标准的统一。

三、创新资产管理行业交流合作机制，壮大第三方权威力量

一是整合行业资源，建立统一的资产管理行业平台。深度整合行业资源，打造资产管理机构的互联互通、合作共享平台，树立鲜明、统一的资产管理行业合作旗帜。

二是鼓励支持第三方独立机构，壮大行业发展队伍。多元化聚集行业力量，除监管及资产管理机构外，吸引律师事务所、会计事务所、审计事务所、各类研究机构等相关方。设立专门的资管科技研究院，负责举办资产管理行业数字化转型的多层次论坛，研发数字化发展报告，打造资管科技智库，搭建思想交流平台。

三是搭建沟通机制，建立覆盖行业、机构、科技厂商的联盟。成立资产管理行业数字化推进联盟，覆盖行业、机构、科技厂商等

各类要素机构，建立联络机制，常态化会员互联互通，增进业界情谊，营造资产管理行业数字化推动的坚实战线。推动会员跳出"信息孤岛"，整合发展信息，共同推动资产管理行业数字化转型高速前进。

第三节　推动数字化工作的资源化、场景化、价值化、技术化、标准化、良性化

一、资源化：持续加大投入，优化资源配置，避免低水平重复建设

第一，加大人才培养力度，打造一批高水平保险资产管理科技人才队伍。随着保险资产管理业数字转型的深入，要强化复合型、专业化人才的培养，提升激励机制，扩大人员投放的绝对数量。依托行业协会提供交流、培训平台，依托资产管理机构及科技机构的业务实践培育跨界人才，扩大高端人才供给，从供给侧结构性改革提升保险资产管理业数字化转型过程中的要素分配效率。

第二，持续加大资源投入。参考贝莱德年科技投入占营业收入的16.4%、东方国际证券科技投入占集团支出16%的投入比例，行业机构可结合自身特点加大资源投入，推动保险资产管理业数字化转型。

第三，解决行业投入不均匀的痛点。一是发挥金融科技联盟等第三方机构的作用，促进行业信息交流和技术分享，一定程度上缓解"强者恒强"的局面；二是关注中小机构保险资产管理科技能力建设，打造特色和差异化，结合场景进行有限度、高针对性的局部创新，避免撒胡椒面式的全面铺开，消耗宝贵的科技投入资源。

第四，打破机构及信息壁垒，尽快在统一的标准框架下展开数字化转型的研发投入。建立共同的技术体系化指引，形成行业间、机构间的可融通、可叠加、可增强的技术合作效能。

第五，规避重复投入和建设，由行业协会牵头建设行业云平台作为基础设施承担起优化资源配置的锚定职能，为行业服下"定心丸"，加强市场机构对数据共享的信任，保障信息共享的安全性、保密性等。

二、场景化：创新核心应用场景，加速价值与能力转化

贴近场景和痛点，精准攻关。对标安联、安盛等国际领先机构实践，结合资管新规后的特色场景，把握行业痛点，精准攻关。

三、价值化：立体式培育资产管理数字化基因，深入融合核心能力

第一，要素价值链拆解。把握投资能力关键赛道，对资产管理能力进行要素化拆解，由点及面进行突破。

第二，按重要性梯次推进。投资、量化及组合管理能力价值链更加直接。

第三，注重轻重缓急和体验感。相对而言，风险控制和集中运营能力体验感和效率更高。

四、技术化：注重底层核心技术磨炼，夯实数字化的算力基础

第一，要发挥重点机构数字化转型示范作用，选出一批数字化

转型试点机构,解决一批"卡脖子"的关键核心技术,实现关键核心技术自主可控。

第二,聚焦国家重大战略需求和产业发展瓶颈,集合精锐力量,攻克核心算法、算力、AI技术、自然语言等核心技术壁垒,打造原创技术策源地,加快科技自立自强。

五、标准化:推动标准贯彻落地,提高标准执行质量和力度

2021年,中国保险资产管理业协会带领行业机构力量共同推进《债券投资计划数据标准》《股权投资计划数据标准》两项重要行业标准规范的编制工作。为夯实标准的贯彻与执行,要进一步完善协会系统平台建设,统一保险资金运用监管数据报送的口径和标准,并需要保险资产管理公司提高标准执行的质量与力度,共同建立统一的保险资产管理产品基础业务数据规范,提升行业数据标准化水平。

下一阶段,行业应推进保险资产投资数据中心建设,以保险资产交易和持仓数据为基础,形成维度灵活的数据仓库,搭建标准统一、指标多样的数据体系,持续优化数据运营能力。行业需要推动组织保险资产管理公司参与或主导国际标准制定,以技术标准"走出去"带动金融科技资管产品和服务在海外的推广应用。

六、良性化:构建和谐可持续的行业竞争环境

第一,减少科技厂商恶性竞争行为。行业机构应建立负面清单制度,清除产品创新能力薄弱、以低价恶意竞争、扰乱市场秩序的金融科技厂商。

第二，建立科技厂商资产管理数字化建设评估标准。一是按照统筹规划、与时俱进的原则，由标准化委员会牵头，针对自建型、平台型、外包型科技厂商建立面向资产管理数字化建设的评估标准；二是降低有技术创新能力的中小科技企业进入门槛，丰富合作方式，帮助其创新成果快速在行业内推广落地；三是通过业务＋科技合作模式，对科技厂商进行业务赋能，帮助科技厂商成长为资管科技服务厂商；四是优化人才引入机制，创建有利于数字化落地的人才引入机制，有效壮大保险资产管理业科技团队规模。

第四节 结 语

把握时代脉搏、团结行业力量、砥砺践行，推动保险资产管理数字化向第二个三年目标迈进。

在《中国保险资产管理业金融科技发展报告（2018—2020）》中，提出了保险资产管理业科技发展目标，对整个行业的发展具有巨大的指导意义。时至2021年，我国已经将数字经济健康发展纳入国家战略发展方向中举足轻重的位置，保险资产管理行业务必要把握时代的脉搏、团结一致，充分交流共享，合力提升行业数字化发展能力。推动保险资产管理业数字化向第二个三年战略规划迈进：

第一阶段：到2025年，数字科技应用实现重大突破，部分技术与应用水平与世界领先资管机构相当。开拓保险资产管理公司海外业务，并不断创新新的商业模式，在风险控制、研究、投资、运营等领域充分应用大数据、人工智能、区块链技术，提升客户体验。进一步完善金融科技法律法规、监管框架，形成金融科技领域相关的安全评估和管控能力。

第二阶段：到 2030 年，金融科技理论、技术与应用总体达到世界领先水平。金融科技在风险控制、研究、投资、运营各方面应用的广度、深度方面都有了极大拓展。同时，开展全球化的保险资产管理业务，拥有一定份额的海外规模。

第三阶段：到 2035 年，我国成为世界资管领域科技应用的创新中心，在核心技术、关键系统、智能应用等方面实现全方位发展，并且保障核心行业技术的自主可控。形成全球领先的金融科技技术创新和人才培养基地，建立完备的金融科技法律法规、监管框架，吸引全球资管机构走进来。

本章参考文献

[1] Nixon J, Pena E. The Evolution of Asset Management：Harnessing Digitalization and Data Analytics [C] //Offshore Technology Conference. Offshore Technology Conference, 2019.

[2] Alkaabi A, Karim A M, Hossain M I, et al. Assets Digitalization：Exploration of Prospects with Better Control Implementation [J]. International Journal of Academic Research in Business and Social Sciences, 2019, 9 (5).

[3] Kotarba M. Measuring Digitalization：Key Metrics [J]. Foundations of Management, 2017, 9 (1)：123 – 138.

[4] Holmström J, Holweg M, Lawson B, et al. The Digitalization of Operations and Supply Chain Management：Theoretical and Methodological Implications [J]. 2019.

[5] 京东数科，清华大学金融科技研究院，毕马威中国. 中国资管科技发展报告（2020）. 2021 年.

保险资管科技实践案例

第一章
中国保险资产管理行业数字化转型的调查分析报告

为了深入贯彻"十四五"规划中关于深化金融供给侧结构性改革,"稳妥发展金融科技,加快金融机构数字化转型"的精神,中国保险资产管理业协会特发起"中国保险资产管理行业数字化转型情况"专项调研,30家保险资产管理公司自愿参与。本次调研内容主要涉及保险资产管理业数字化转型的认知和管理、科技、团队、技术采购、应用场景分析、案例等方面的内容,共设置了46个问题,涵盖单选、多选、填空及简答等多种题型。现将结果汇总如下:

一、对数字化转型的认知和管理情况的分析

保险资产管理行业普遍将数字化转型作为重要发展方向。在30家填写问卷的机构中,有29家认为数字化转型非常必要,其中,13家认为自身已处于数字化发展阶段,16家认为自身处于信息化阶段,1家认为自身处于智能化阶段(见图1-1)。具体来看,多数公司认为,自身在满足刚需层面已经实现或部分实现了数字化,但在提升效率、规范管理和决策支持层面的数字化程度稍显不足。

人力资源、研发成本和技术获取是制约保险资产管理数字化转型的"三座大山"。在参与问卷的保险资产管理公司中,认为人力

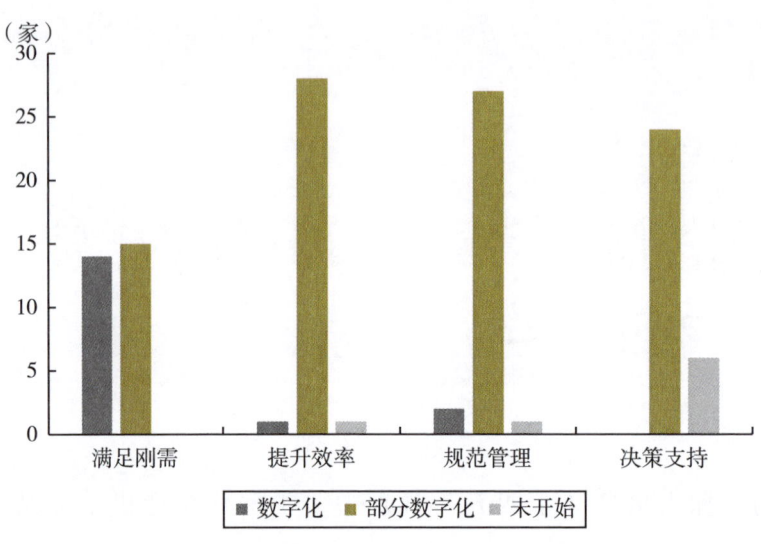

图1-1 保险资产管理公司当前数字化程度分析

资源、研发成本和技术获取制约自身数字化转型的机构分别有30家、29家、27家（见图1-2）。没有机构认为国家政策和监管环境制约其数字化转型，这说明在双循环背景下监管和政策红利赋能了数字化转型。

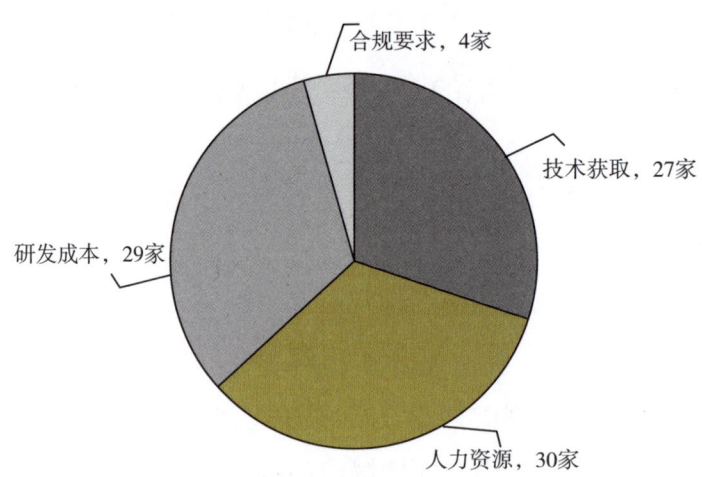

图1-2 制约保险资产管理公司数字化转型的因素分析

"控制风险"成为保险资产管理数字化的主要目标。根据30家在数字化转型目标的汇总结果,25家选择了控制风险选项,18家选择了降低成本选项,14家选择了增加营收和业务创新选项,11家选择了提升客户满意度和促进业务转型选项(见图1-3)。超过20家希望在数字化转型过程中提升投资研究、集中运营、风控计量和组合管理的能力。只有8家选择的是提升量化投资和渠道获客能力(见图1-4)。

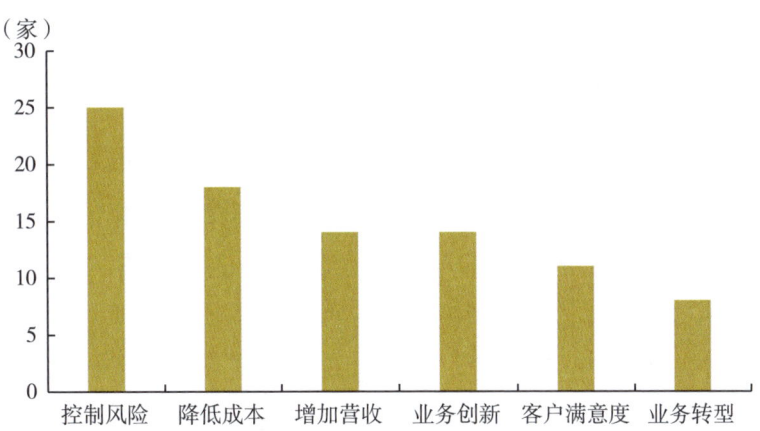

图1-3 保险资产管理公司期待数字化转型中的目标分析

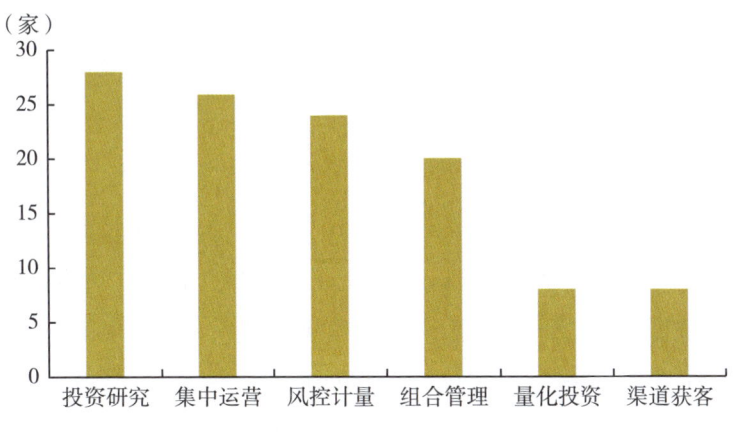

图1-4 期待在数字化转型中提升的能力情况分析

在数字化管理层面，主要由管理层信息技术委员会承担决策和牵头工作。在 30 家填写问卷的机构中，19 家由管理层信息技术委员会承担数字化转型工作的决策机构，22 家由管理层信息技术委员会承担数字化转型工作的牵头机构，18 家由管理层信息技术委员会承担数据治理工作的决策机构，9 家由管理层信息技术委员会承担数据治理工作的牵头机构。此外，公司董事会、信息技术部门也在数字化转型和数据治理工作中承担着一定的管理职责。

二、对数字化转型科技情况的分析

在数字化投入方面，近年来资金投入年均 11.5 亿元，机构间分化较大。2018—2020 年，被调研机构数字化投入金额分别为 8.4 亿元、12.3 亿元、13.9 亿元，年均投入 11.5 亿元。投入最高的机构年均维持在 2 亿—4 亿元，投入最低的机构年均不足 1 000 万元，机构间对数字化转型资金投入有较大的差距。

从分项投入来看，信息安全投入和数据中心投入增速迅猛，2018/2019 年、2019/2020 年年均复合增速分别达 40% 和 47%。此外，保险资产管理公司申请专利数从 2018 年的 0 个上升至 2020 年的 76 个，实现了从无到有的过程。近年来，申请软著的数量也突破了个位数，呈总体增长态势（见图 1－5）。

在信息基础设施建设方面，24 家在"两地三中心"的规划或建设阶段；19 家建设了云平台，其中公有云、私有云和混合云占比分别为 21%、16% 和 63%；19 家处于"超融合架构"的规划或建设阶段；20 家处于"容器化服务"的规划阶段，建设中和已实现的机构较少。在数据平台建设方面，半数机构已完成数据仓库或集市的创建，但大多数机构的大数据平台和数据中台仍处于规划或建设阶段。在数据内容建设方面，23 家机构引入 1—10 个第三方数据源；

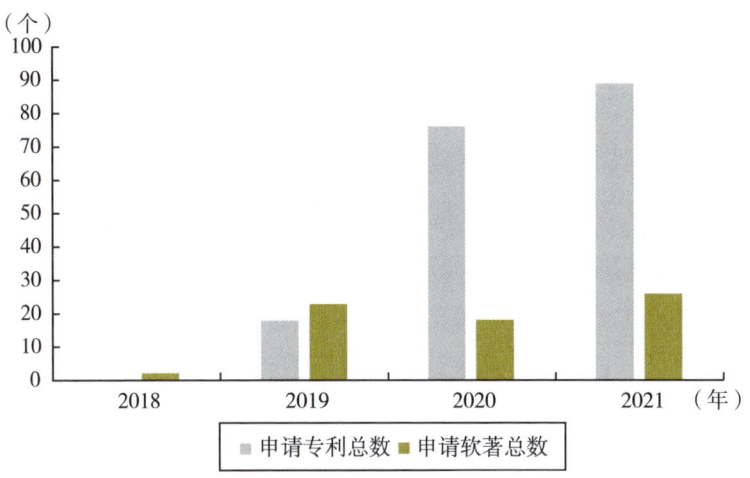

图1-5 被调研机构申请专利和软著的情况分析

结构化表的规模小于100个、100—300个、300—500个、大于500个的机构数分别为6家、11家、3家、10家;数据存储规模小于1TB、1—10TB、10—50TB、大于50TB的机构数分别为10家、11家、7家、2家。在数据模型与计算方面,统计模型与计算受到普遍支持,支持分布式计算、流计算、AI模型与计算的机构数分别为10家、5家、4家。在数字化前沿技术研究与应用方面,专注OCR、AI和NLP的分别有18家、13家和11家。仅有2家关注区块链领域。具体资料见图1-6至图1-9。

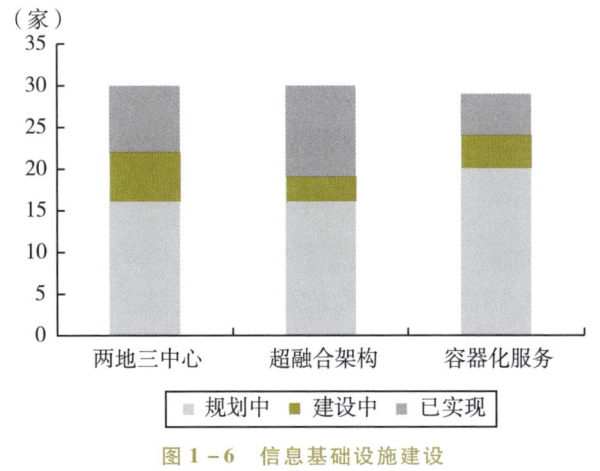

图1-6 信息基础设施建设

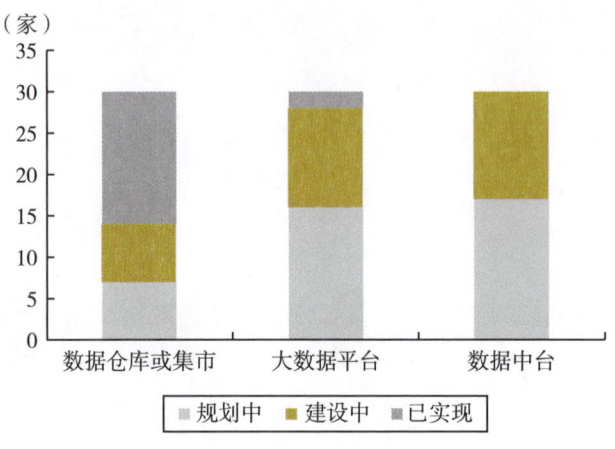

图1-7 数据平台建设

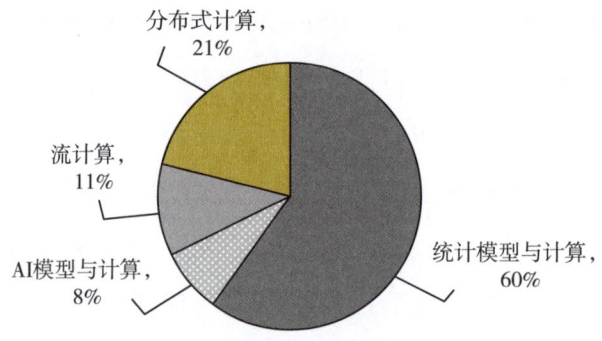

图1-8 数据模型与计算情况分析

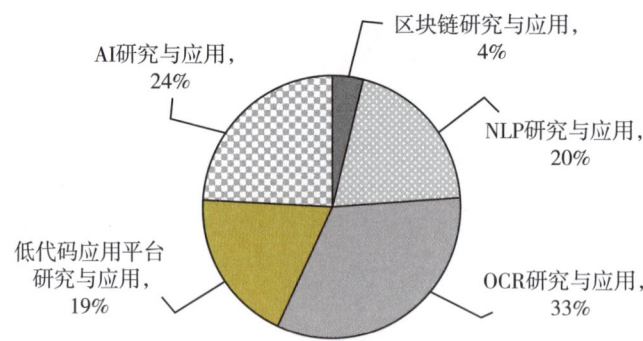

图1-9 技术研究与应用情况分析

保险资产管理行业的数字化转型仍任重而道远。在业务上云方面，18家表示尚没有业务上云，10家选择了"企业管理、产品销售等部分业务上云"，仅有2家表示企业核心业务基本上云。在数据生产和使用方面，虽然多数机构已实现各部门各环节的数据流通，但仍有10家尚未贯通数据，各部门数据仍处于孤立状态。在科技产品对外输出方面，23家被调研机构表示无输出计划，5家机构有计划但尚未实现输出。在荣誉获得方面，60%被调研机构尚未获得荣誉，仅有5家获得了国家省市级别的奖项。

三、对数字化转型团队情况的分析

保险资产管理的信息科技依赖驻场外包。30家保险资产管理公司调研结果显示，驻场外包人员数多于正式员工数。信息科技正式员工从2018年的378人增至2020年的644人，而驻场外包人员从2018年的437人增至2020年的795人（见图1-10）。正式员工离

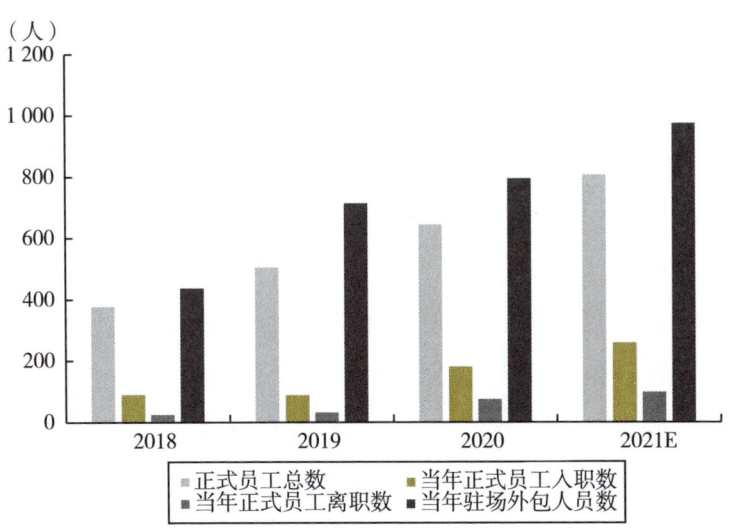

图1-10　保险资产管理公司信息科技员工情况分析

职数自2018年以来一直处于上升趋势。调研结果显示，半数机构认为：激励计划、职业提升和薪资待遇是导致人才流失的重要原因；少数机构认为：成就感、工作强度和工作环境也在一定程度上造成了正式员工的离职（见图1-11）。

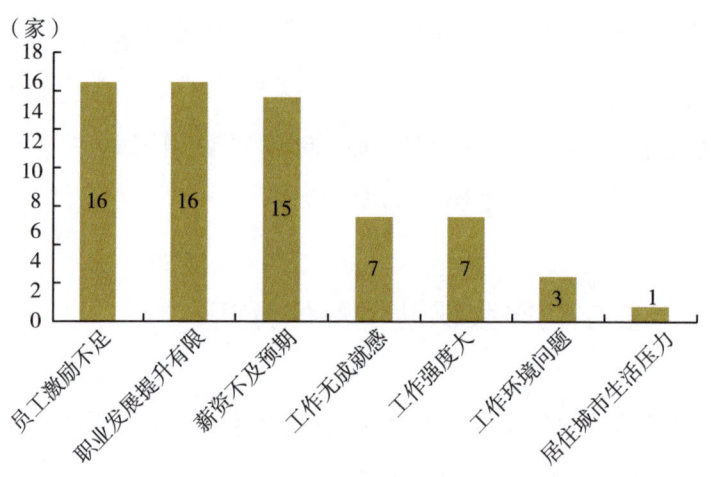

图1-11　保险资产管理公司信息科技人才流失原因分析

科技意识方面，6家机构认为员工科技意识高；24家机构认为员工有一定的科技意识，但仍需提高。安全意识方面，4家机构认为员工"安全意识有待提升"，20家机构选择了"安全意识达标"，仅有6家机构选择了"安全意识高"。在未来三年，被调研的大多数公司希望在数据治理及开发层面增加全职人员，半数机构希望在基础设施和信息安全层面着手，10家机构关注人工智能方面的全职员工投入（见图1-12）。

从保险资产管理期待邀请的培训机构来看，金融科技企业和行业协会更受青睐，金融及监管机构次之（见图1-13）。从培训周期来看，大多数机构青睐短期课程。分别有13家机构倾向于"一天以内的培训"和"一周以内的主题培训"，仅有5家机构选择"年度内的长期课程"。从培训形式来看，多数机构青睐"线上+线下"相结合的培训方式，系列培训和业务专题平分秋色。11家机构选择了"系列培训",13家机构选择了"业务专题培训",仅有6家机构选择了"业务和系列相结合的培训"形式。

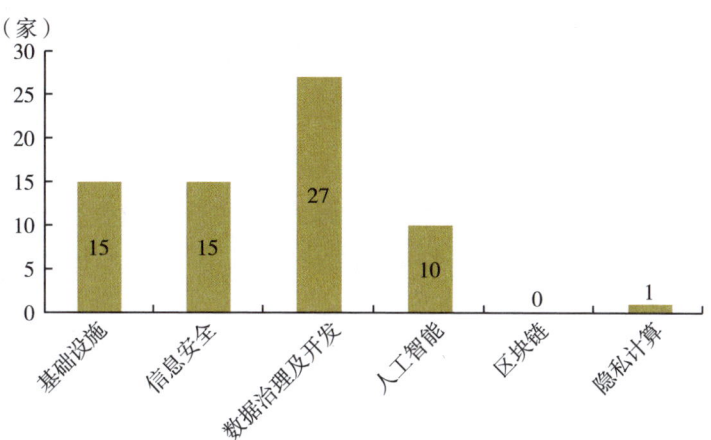

图1-12 预计未来三年将会在哪些方面增加全职人员

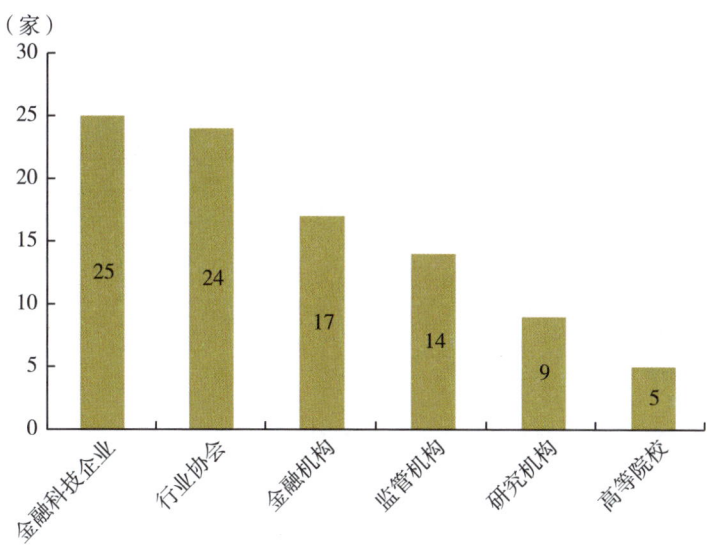

图1-13 被调查机构期待邀请的培训机构情况分析

四、对数字化转型的技术采购情况的分析

多数被调研机构认为,恒生电子是核心且不可替代的技术供应商。在被调研的 30 家保险资产管理公司中,26 家公司表示恒生电子是其核心且不可替代的技术供应商,其中有 25 家认为其产品是不可替代的。此外,赢时胜、衡泰、上海携宁、万得也是部分机构的核心技术供应商,但仅有少数机构认为其不可替代。

第二章
中国保险资产管理行业金融科技应用的行业实践

2020年保险资产管理行业在完善核心业务系统的基础上,加速行业数字化转型工作,继续在大数据、人工智能等金融科技的前沿领域进行积极地投入。随着各种应用的落地,行业在提升效率、减少投资风险、赋能金融应用等方面实现了真正的开花结果,已初步达成预期效果。整个行业进一步加深了金融科技是金融业务的核心驱动力的理念认知,在科技与实际业务相结合、构建一体化数据平台领域继续夯实基础。

一、金融科技在保险资产管理行业的应用实践

(一)基础设施完善夯实科技赋能业务基础

1. 基于 Zabbix 的统一监控平台

太平资产建设了基于 Zabbix 技术的一体化监控平台。该项目实现了基础架构监控全覆盖:专线监控、交换机监控、路由器监控、防火墙和负载均衡器监控、物理服务器监控、vCenter 监控和 AD 域账号监控;同时,配置 IP 自动发现、对接 CMDB。实现了业务大屏的精确展示、汇聚层的开发、APM 应用监控平台的上线。精准报

警,时刻守护基础设施平稳运行。

2. 基于 PaaS 的统一数据中心

CLIMB(China Life Investment Management Workbench)平台是国寿资产落实"重振国寿"战略的关键着力点。该平台取得的建设及成果依赖于基础设施的完善。

CLIMB 平台(见图 2-1)基于 PaaS 技术,建设统一数据中心;在数据中心的基础上,进一步整合投资相关的共享服务;在统一数据及共享服务的基础上,国寿资产推动供应商打破以产品为中心的建设方式,实施开放战略最终形成一体化的投资管理平台。

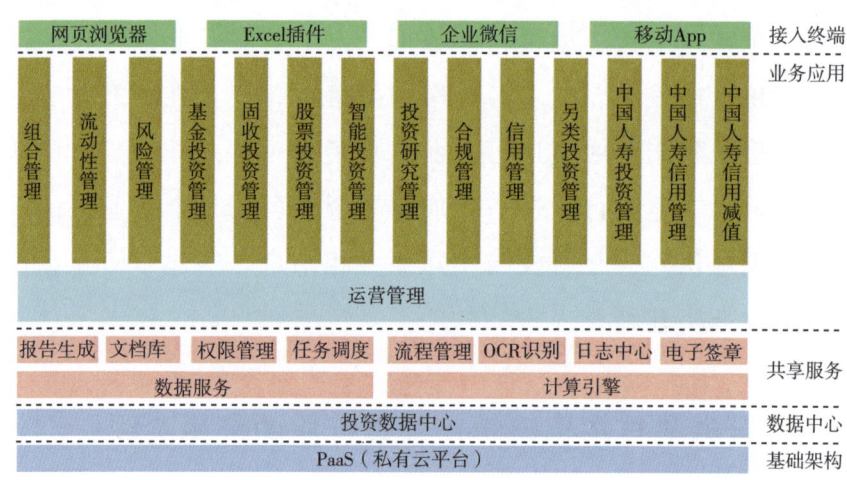

图 2-1 CLIMB 平台系统架构

资料来源:国寿资产

在统一数据中心及共享服务的基础上,CLIMB 平台集中了国寿资产 85% 以上的投资数据,为公司投资管理过程中的不同角色用户提供一站式、全流程的系统支持:为投资经理提供受托资产分析、流动性管理、委托管理、账户分析、组合分析以及收益测算等功能;为运营人员提供系统化的日常运营管理自动化工具,提升运营效率,降低操作风险;为风险管理人员提供风险评估、合规管理、信用管理等功能,提升主动风险管理能力;为另类投资人员实现另类投资投前、投中、投后全流程一体化管理;为各类客户提供综合全面的资产管理服务。

3. 基于大数据的统一数据管控平台

数字化转型过程中,数据成为重要资产部分,各个机构都推动了数据中心和数据管理的建设工作。

平安资管结合业务实际,完成数据管控平台研发,功能模块主要包含元数据管理、数据资产管理、数据标准管理、数据质量管理、系统监控管理和平台基础管理(见图2-2)。

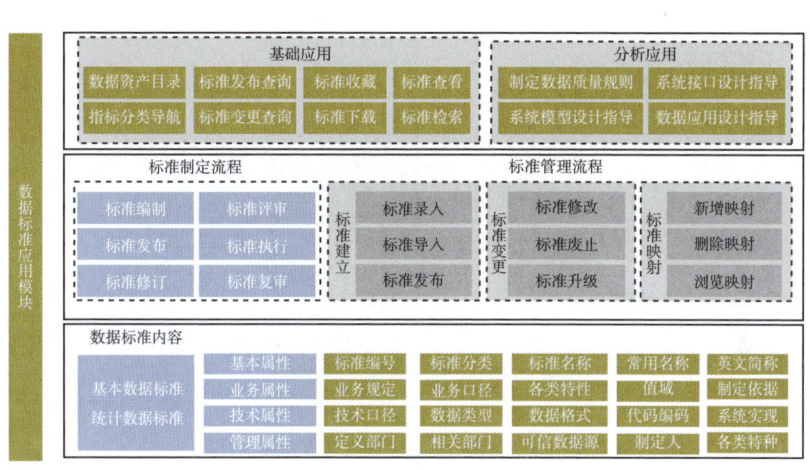

图2-2 数据管控平台框架

资料来源:平安资管

该平台保证企业的数据资源在各个阶段(系统)有效、可信、实时共享,特别是跨主题域、跨系统数据的一致性和实时性。

(二)人工智能持续提升效率

1. 基于OCR技术的智能应用

新华资产基于深度学习、人工神经网络、自然语言处理等人工智能技术，建设了智能合同系统并已投入使用。从流程上来看，该系统将送审版和用印版合同进行扫描后，利用 OCR 技术识别为文本文件，进行智能比对；同时，基于人工智能相关算法对合同中的关键要素进行智能提取，辅助法务审核。系统有效地提升了法务审核效率，降低了合同送审版和用印版可能存在的差异或者被篡改的风险。

系统基于 Advanced – EAST 文本目标检测、卷积神经网络（CNN）、循环神经网络（RNN）等深度学习技术，实现合同图像文件的 OCR 识别，高质量图像下识别准确率在 95% 以上（见图 2 – 3）。

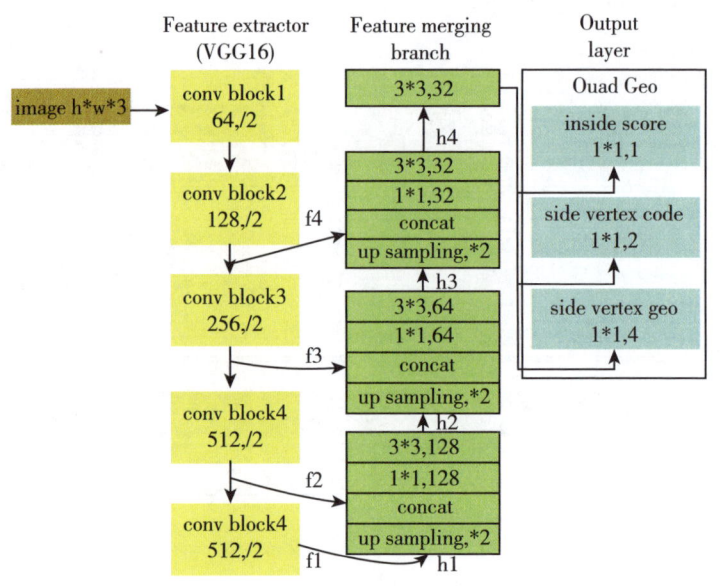

图 2 – 3　Advanced – EAST 网络结构

基于 Myers 算法，系统智能比对审批版本与用印版本合同，快速标识差异、计算相似度，有效提升法务比对审核效率（见图 2 – 4）。

系统基于 BERT 预训练语言模型等 NLP 自然语言处理技术，实现了端到端的债权投资计划核心信息抽取模型（见图 2 – 5）。智能提取投资合同中债权投资计划名称、投资项目名称、批复文件编号、受托人、融资主体、项目方等 30 多个关键要素，准确率在 88% 以上。

第二章　中国保险资产管理行业金融科技应用的行业实践

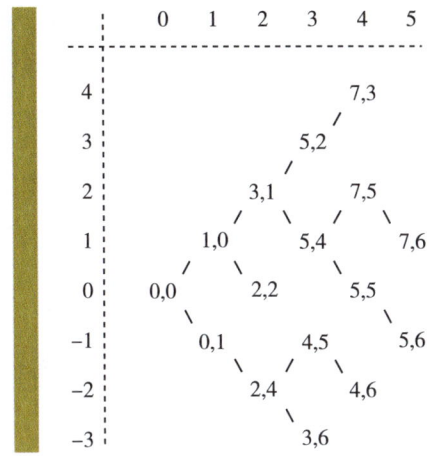

图 2-4　Myers 算法

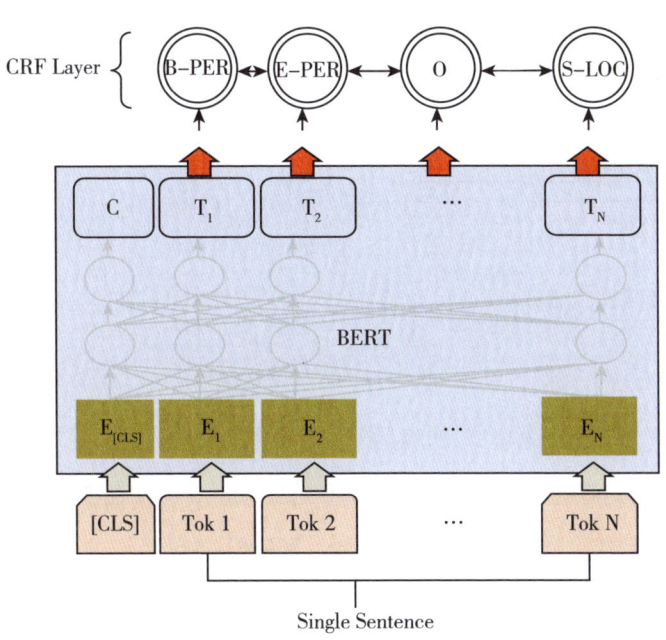

图 2-5　BERT + CRF 进行命名实体识别

资料来源：新华资产

在 OCR 技术的应用上，平安资管已经在图像处理、多文本内容解析等领域积累了丰富的经验（见图 2-6）。系统从各个数据源中提取数据和内容，输出核心报表和内容，为债券募集说明书等文本撰写做准备。业务应用流程如下：数据获取—OCR 解析（图片转文字）—OCR 后处理（复原表格结构）—格式转化（转为 JSON）—模板化（转为 HTML）—结果核验（半自动）—数据落库（IOBS）—应用端（文档管理、在线内容查阅）—解析结果下载（本地编辑）。

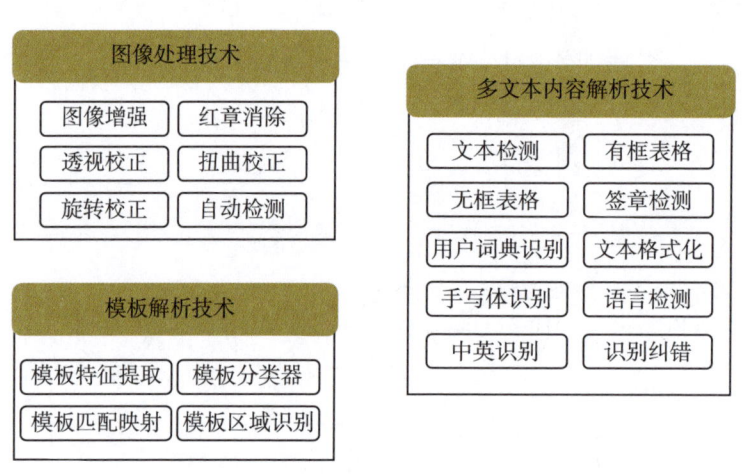

图 2-6　OCR 技术矩阵示例

资料来源：平安资管

2. 智能解析翻译流水线

平安资管为支持境外机构需求，提供核心信息英文服务，新建了一套人工智能解析翻译流水线（见图 2-7），在技术设计上支持结构化/非结构化、实时/批量翻译、多语种支持；补充金融语料库并重新训练模型；支持多格式翻译针对公告和舆情等非结构化文本进行 OCR 识别、格式转换、批量翻译、重新组装等一系列操作，优化翻译性能等。

3. 基于机器学习的市场情绪量化应用

为帮助投资经理更好地判断市场短期行情，平安资管利用基金公司及基金产品的相关数据综合编制债券情绪指数（见图 2-8）。

第二章 中国保险资产管理行业金融科技应用的行业实践

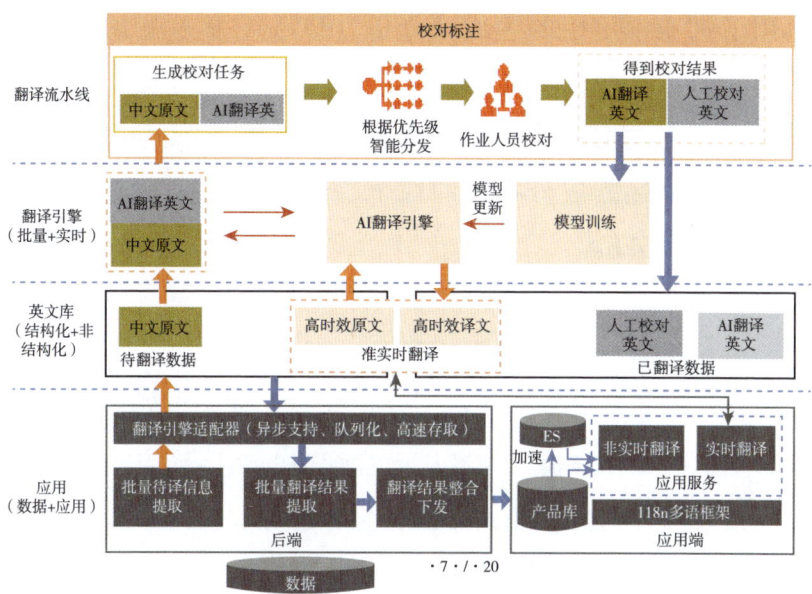

图 2-7 人工智能解析翻译流水线

资料来源：平安资管

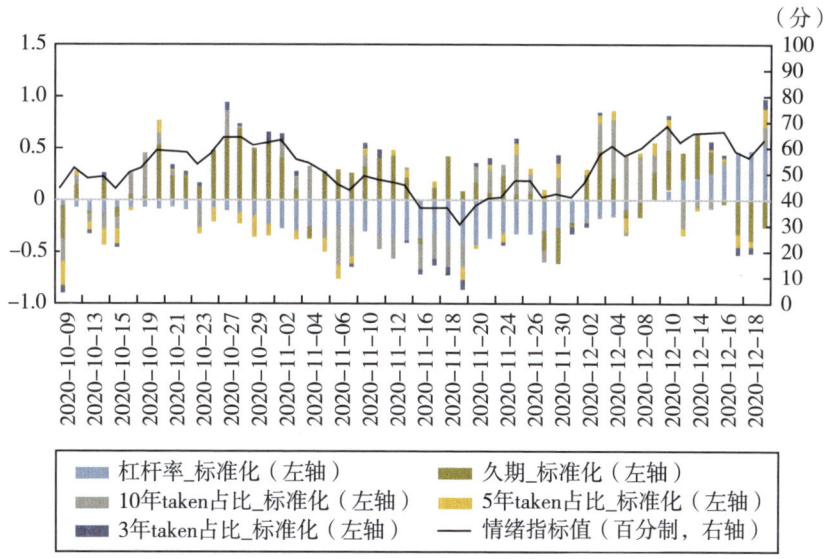

图 2-8 债券情绪指数

资料来源：平安资管

81

主要采用了机器学习中的主成分分析（PCA）等方法，对基金杠杆率、交易久期、买方直接接受卖方价格（taken）的成交占比等指标进行了处理，完成指数的编制。该指数的优势在于可以用单一的合成指标科学地描述其成分指标的综合趋势，也能对各成分的影响和贡献进行量化和分解。

4. 智能投资运营辅助管理平台

随着公司投资管理规模快速增长，提供的投管产品类型日益丰富，业务日常作业量爆发性增长，需要投入大量人力处理重复性、烦琐、低附加值的工作。长江养老从运营管理的实际痛点出发，围绕风险管控与效率提升两大主题，覆盖资金、证券、交易、净值披露四个业务维度，成功搭建了智能投资运营辅助管理平台（见图2-9）。

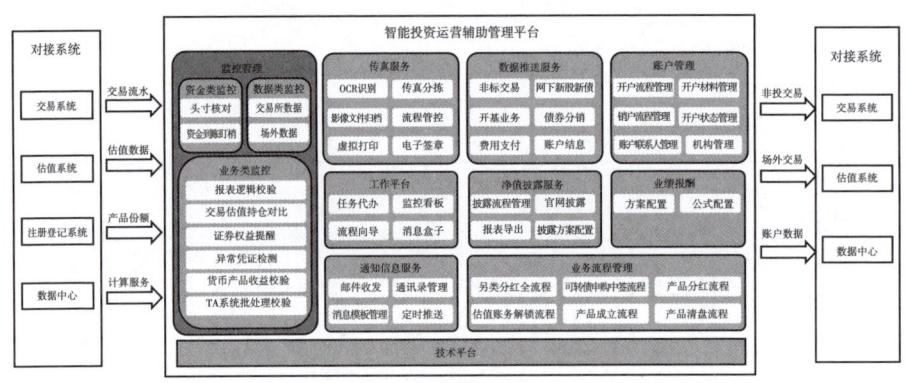

图2-9　长江养老智能投资运营辅助管理平台应用架构图

资料来源：长江养老

项目采用了图像识别、自然语言处理（NLP）、人工智能RPA技术进行系统实现，为线下业务线上化、自动化、流程化提供支撑。通过集成员工的待办工作，全业务流程的可视化管理，关键节点的延时报警，多层级的任务看板等功能完善风险管理机制，持续提升运营效率与对外服务品质。

平台从外部系统（如交易系统、估值系统、注册登记系统）实时抓取数据，并通过实时接口服务推送数据供下游使用，解决了公司产品化采购系统之间无法交互的问题。平台通过 OCR 技术 24 小时不间断智能识别邮件或传真文件，解析相应要素对接流程引擎，以自动发起业务流程。如传真收到的开放式基金确认单据，自动识别后将该单据判定到基金确认任务，员工到待办任务中认领该任务即可，从而省去每日收取大量传真并分拣的环节，节省人力。平台利用人工智能 RPA 技术，对单一重复环节作业进行自动处理。目前，已完成了政策下载、受托人提取指令分拣、日终自动化估值、确认单与对账单打印、转入转出单与申购赎回确认单、银行间日报下载报送、确认单对账单打印迭代、产品层日常估值流程、每日估值表锁定、增值税发票开具、批量付费指令等多个场景的 RPA 智能运用探索。

长江养老智能投资运营辅助管理平台的实施，契合了业务的发展，创建了标准化、系统化、自动化的运营作业与管理体系，提供了行业领先的投资运营管理解决方案。

（三）平台化赋能金融应用

1. 全链路另类投资管理平台

从投资的链路来看，主要分为投前、投中及投后三大阶段。国寿资产利用另类投资管理平台将这三个阶段进行了系统化整合，实现自动化管理，并显著的提升内部效率。

另类投资管理平台实现了国寿资产全投资品种的投前、投中环节集中化管理，包括项目储备、立项、尽职调查、项目评审、投资决策、合同签署、募集缴款等关键业务流程。构建了完备的投后管理体系，完成了风险分类、风险预警、资产处理、企业回访、押品管理、外派管理、收益分配、清算分配、投后管理工作台等模块的建设,实现了全面、及时的风险管理,多维度展示了投后人员的工作情况和项目详情,显著提升了另类业务投后管理的系统化和规范化水平。

2. 精细化组合管理智能平台

平安资管进行精细化组合管理,更科学地选择了资产和配置投资权重(见图 2-10)。开发了一套借鉴 AI 算法的创新型多目标优化算法,可以在给定多个投资目标和受到多个投资限制时,基于多因子体系给出多个帕累托最优前沿上可投资产权重配置的结果,实现在因子层面的最优化。根据投资目标的变化,为投资经理在管理被动组合、主动组合、货币产品等固定收益产品时提供投资建议。

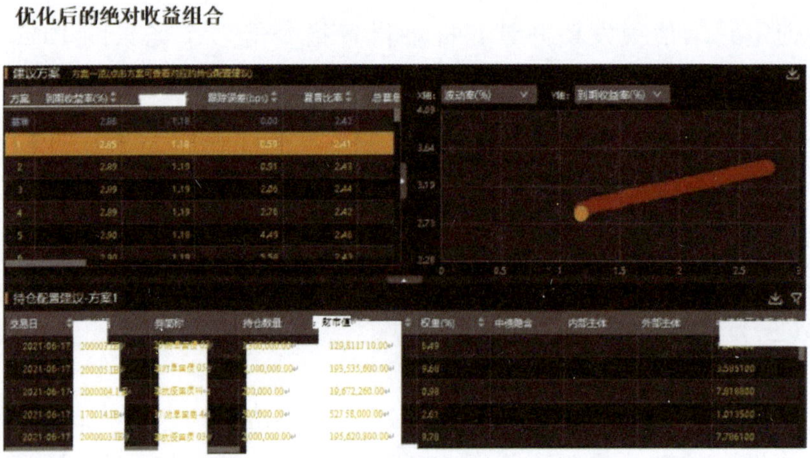

图 2-10　定量精细管理某组合示例

资料来源:平安资管

3. 信用风险管理智能平台

平安资管运用大数据、人工智能技术,结合自身丰富的风险管理经验,搭建了风险管理金融科技智能化平台。平台重点聚焦如何在短时间内快速寻找各类数据与信息的关系,抓住市场演化的逻辑和可能面对的风险,助力信用风险管理。

平安资管在信用风险管理进入融合专家经验＋大数据＋人工智能预警系统阶段，在解决财务指标、更新频率较低、并不一定能反映企业真实情况、未考虑关联方风险传导影响等因素，将市场面、基本面直接作为因子输入模型，舆情模型、财务模型的输出作为预警模型的输入，增加了风险传导调节项等。在风险传导量化中借助知识图谱，结合股权、对外投资、担保等关联关系，基于概率图算法，结合业务经验和人工智能，探索量化风险传导规则，生成关联风险传导路径（见图2-11）。

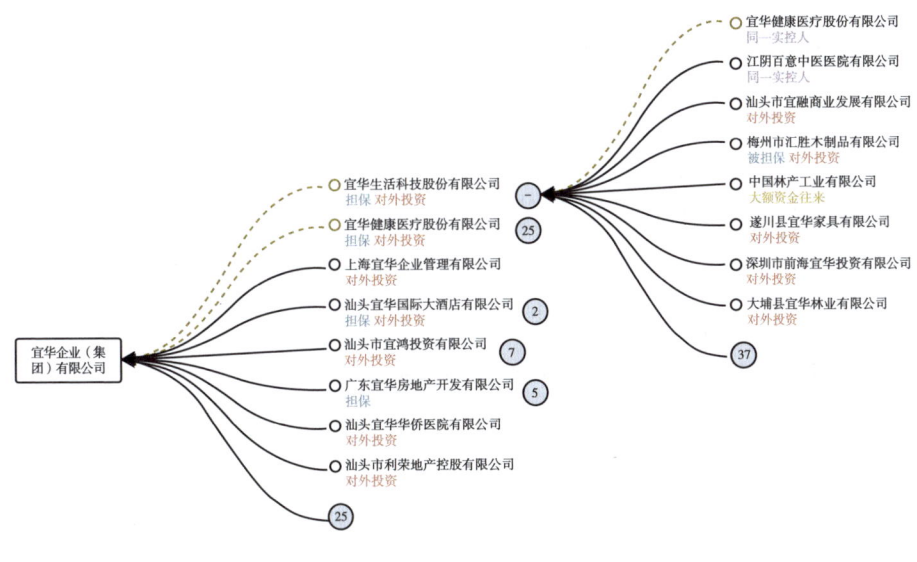

图2-11　风险传导模型某公司示例

资料来源：平安资管

4. 全流程管控运营管理平台

运营管理平台是国寿资产基于统一数据中心构建的业务平台之一，涵盖了资金清算、资产核算、数据管理、统计信息服务等运营管理各环节共30项功能模块。

运营管理平台一方面提升了运营风险主动管理能力，改善了以往运营类系统注重实现业务过程，忽视过程管理的问题，实现了公共数据生产、使用、发布的全流程完整呈现，投资指令处理进度一目了然，数据编报审批全程在线管控。另一方面，提升非结构化数据管理能力。根据历史业务规则积累，实现了非标资产清分局部自动化；结合OCR识别技术，实现了非标合同要素、基金确认单的自助提取、SPPI测试结果自动判断以及基金确认单指令生成。

同时，运营管理平台也是运营数据流转体系的中继器，推动了内部管理、客户服务、监管报送等方面运营服务能力的提升，提高了日常运营工作效率，承担了数据质量保障、运营风险管控的职责，已经成为运营工作的操作和服务中心。

（四）行业数据标准建设

科技赋能和数字化建设对数据质量、数据安全、数据资产生命周期管理等提出了更高的标准。截至2019年8月，现行国家级金融标准已有65项、金融行业级别标准251项。然而资产管理行业尚未有相关的国家或行业级标准发布，是金融标准领域的薄弱环节。一是从监管角度看，贯彻以风险管理为导向的监管理念，需要逐步引入金融科技的新手段、新工具，这对数据的真实性、规范性提出了更高要求。当前的保险资产管理行业数据并没有统一的标准和规则，不利于数据的采集、整合及开发利用，不利于提高数据的真实性、完整性和实效性，不利于监管实施、市场运行和公司决策。二是从行业角度看，各机构信息化基础水平参差不齐，缺乏统一的业务规范，行业内数据统计口径标准不一致，没有形成有效的数据治理体系，行业数据基础存在一定隐患。三是从资产管理机构角度看，管理体系不够精细化，对产品要素缺乏准确定义，向监管报送数据的可靠性得不到保证，大数据分析也缺乏一个统一的基础标准。

在银保监会的指导和授权下，协会积极组织行业力量推进行业数据标准建设工作。2020年底，全国金融标准化技术委员会保险分技术委员会秘书处正式发函同意协会组织行业力量开展《债权投资计划数据标准》和《股权投资计划数据标准》编制工作。行业机构积极参与，目前两项数据标准编制工作进展顺利。

（五）行业共享合作

随着数字化转型加速，机构也逐步在行业内进行共享合作。平安资管定价功能组件已在外汇交易中心iDeal平台上线。平安资管KYZ智能预警产品也正式入驻路孚特公司的Eikon平台。KYZ智能预警产品数据内容包括违约预警综合指标数据，舆情风险结果数据，基本面风险数据，市场风险数据和财报粉饰数据。交易员可以在Eikon平台上查看KYZ产品的所有数据。

二、实践中的问题和挑战

（一）信息安全挑战

信息安全是保险资产管理行业健康发展的基础，安全的概念包括数据安全、应用安全、系统安全、网络安全、运维安全、设备安全和业务逻辑安全等。

数据安全是信息安全的基石。国家对数据安全的保护十分重视，近年来陆续颁布了包括《中华人民共和国个人信息保护法（草案）》《网络安全法》在内的多部重磅法律法规。《中华人民共和国数据安全法》也于2021年9月1日正式施行，标志着我国在数据安全领域有法可依，为各行业数据安全提供监管依据。

在此背景下，保险资产管理行业如何构建数据安全体系，有效防止数据泄露，满足监管合规的要求，是其面临的巨大挑战。除此之外，保险资产管理行业需要持续的构建信息安全管理体系，不断完善管理的方针、策略、规范、基线、流程、守则、指引等内容。

（二）行业标准化挑战

数据标准化在强化监管、提升风险管理能力，促进行业规范化、高质量发展，提升业务经营质效、加强公司治理水平，促进数据交换和产品交易等方面都极具意义。

保险资产管理行业数据标准化建设尚未形成体系，还有很多工作要做。同时，行业标准化人才严重缺失。如何快速培养一批行业标准化人才，如何制定一批高质量的行业标准并形成体系，是我们面对的挑战。

（三）行业开放共享挑战

金融科技已经成为全球数字经济发展的核心驱动力。与之前相比，保险资产管理行业对金融科技投入都有所增加。但因为监管合规、数据安全和业务竞争方面的顾虑，保险资产管理行业往往不愿意把数据存储在"云端"，而是偏好本地部署，导致实施成本居高不下，大量基础设施和数据业务重复建设，行业复用率低。

（四）专业人才储备挑战

金融科技方面的专业人才培养周期长，缺少可持续的培养渠道。资管科技方面的人才更加稀缺，既需要熟悉资管业务，更要兼具科技开发能力。行业人才储备有限，行业内普遍采用公司已有金融业务专家，研发上使用技术外包的模式。这种模式人员流动性大，影响技术体系和创新工作的稳定性。

三、保险资产管理业金融科技应用展望

(一) 优化流程与制度

第一,流程在线化。通过前台、中台、后台数据贯通,实现产品、服务在线化,提升数据集合和数据共享水平。通过投资流程线上化,进一步满足日益增长的交易需求,保证交易过程的安全可靠。

第二,提升管理制度规范性。细化完善数据规范、全局优化业务规范、统筹建设行业规范。按照与时俱进、统筹规划的原则,建立资管数字化建设评估标准,形成全覆盖、多层次、规范性的管理系统,有效提升管理效率。

(二) 优化服务水平

第一,提升各业务服务能力。基于全面性的数据整合,形成多维度、多场景、精细化的业务分析平台。资管机构也将全面提升五大能力:寻找优质资产能力、产品设计能力、投资研究能力、资产定价能力和敏捷交易能力,解决行业痛点,实现降本增效。

第二,提升风险管理质量。一方面,可以基于历史数据整合形成风险预期。使用基于大量风险经验与判断形成的框架与逻辑,借助数学、统计学理论搭建风险指标与模型,结合人工智能与大数据技术,实现全面性的数据整合、前瞻性的风险预测、智能化的监控追踪,让风险管理不再受限于历史的经验与知识。另一方面,可以通过数据自我迭代优化风险管理。使风险分析逐渐变成从纷乱的信息中不断通过机器学习的自我演化与进化剥离出一根根主线的过程。通过分次捕捉关键信息的变化,动态调整演化主线,让风险管理变成了一种动态的、交互性的过程。

（三）优化智能管理

随着金融科技的蓬勃发展，利用数字化手段实现智能化将成为未来资管行业发展的重要趋势之一。从长远角度看，通过大数据、计算机算法和 AI 等技术为保险资产管理行业提供智能化管理具有巨大的业务价值。

第一，形成一体化决策支持。以技术平台与数据分析为基础，搭建以客户为中心的一站式资产配置。一是搭建数字化资产管理业务平台，通过智能投研和组合管理，形成投资决策支持；二是搭建数字化财富管理业务平台，形成智能营销、智能投顾、智能产品中心，为客户提供智能化资产配置方案和交易服务；三是搭建数字化运营管理平台，通过数字化赋能募集运营和投资运营，实现产品全生命周期管理。最终将资产端的智能投研，财富端的智能投顾，内部运营的自动化集成结合，形成一体化决策支持。

第二，重组业务链条。通过业务、流程、技术的有机结合，优化流程结构，实现科技部门与业务部门深度协作，提升工作效率，以科技驱动创新。

第三章
保险资管科技实践案例

第一节　平安资管数字化转型实践*

　　稳健、领先的科技平台一直是平安资产管理有限责任公司（以下简称"平安资管"）核心竞争力的重要组成部分，是公司高效率、低风险、规模化发展的重要支撑。近年来，伴随金融行业数字化发展的浪潮，平安资管也进一步加速了数字化转型的步伐。

　　在战略上，率先提出"科技型资管公司"的发展战略。加大了在大数据专家、金融模型专家、AI专家等领域的人才培养和引入；在方法上，坚定"人机合一"的决策理念。以专家经验为机器学习提供专业的逻辑和框架，不断推进专家分析结果与机器模型结果的相互验证、迭代；在技术上，以数据、模型和系统为三大关键抓手。同时，积极运用大数据、AI、NLP等新技术，扩展数据处理范围和深度，强化数据体系与模型算法。

　　债券生态一体化平台（KYZ）是平安资管数字化转型的重要成果。KYZ平台依托平安资管作为保险资管机构在固收领域的长期优势，充分融合了海外成熟领先的量化方法，深入运用了大数据分析

---

*　本节作者为平安资产管理有限责任公司浦晓婷、郑冠言、姜俊、肖潇、李杨。

与人工智能等技术，形成了一系列实用、有用、好用的数字化工具，已成为助力公司建立大资管行业竞争力、探索国际化发展的核心引擎。

一、KYZ 组合管理工作台

（一）建设背景

随着资管新规过渡期临近尾声，打破刚性兑付、实现净值化转型的发展方向正在改变资管产品的投资、风险管理体系。

国内市场上，在产品净值化转型后，是否能持续为投资带来稳定收益，是否能严格控制好产品回撤，提升保险资管客户的体验，是保险资产管理业面临的新课题。国际成熟市场上，资管机构在运用量化方法对固收组合进行精细化管理方面已走在前列，而国内本土化的实践方兴未艾。

平安资管近年来对标国际机构，立足于本土市场，形成了一套"主动+量化"相结合的投资管理新模式。在新模式下，投资经理一方面基于其对宏观经济和市场走势的研判，在满足投资指引的条件下自上而下地主动管理组合策略和进行投资决策；另一方面，借助量化模型和手段对组合风险和收益进行科学计量。

KYZ 组合管理工作台实现了这套新管理模式的落地，以量化因子模型、统一数据标准以及丰富的投资风险分析工具为基础，融合并灵活适配不同角色分析管理诉求，充分赋能业务管精业绩、控好风险。

（二）模块介绍

KYZ 组合管理工作台运用灵活的卡片设计，基于不同类型用户的分析视角,支持千人千面的个性化分析视图(见图3-1)。工作台主要包含业务看板、配置管理、投资管理、风险管理以及业绩分析等模块。

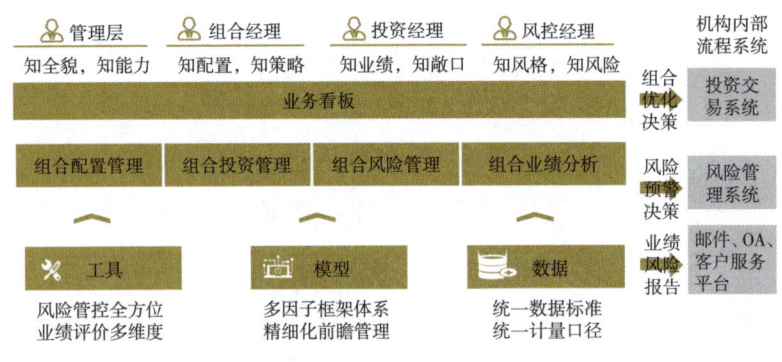

图3-1 KYZ组合管理工作台概览

1. 业务看板

以高管视角提供公司整体投资情况,以可视化方法帮助管理层高效率掌握投资组合的收益和风险状况。

2. 组合配置

在资产配置方面,涵盖资产负债管理、资产配置进度与偏离管理,基于持仓情况、资金变动和市场假设,通过模拟交易后的收益变动分析对战术资产配置比例进行调整。在组合构建和优化方面,基于前瞻性预判及历史规律分析,用模型方法进行组合构建,利用组合优化方案与回测功能,动态检视组合的规模与配置情况,帮助投资经理追踪投资目标、有效挖掘超额收益,辅助主被动管理。

3. 投资管理

为投资经理提供组合日常管理所需的敏感性分析、波动率及跟踪误差分析、流动性管理和模拟试算:可跟踪管理组合总体规模与持仓变化,分析组合收益表现及避险能力;根据波动率或跟踪误差目标对组合持仓进行动态调整；对接资金端申赎需求，测算资产现金流，提前应对流动性缺口；基于市场变化和持仓变动进行情景试算，充分评估关键指标变动情况，主动控制组合业绩回撤。

4. 风险管理

为风控经理提供了全面且多维的组合风险管理工具，覆盖风险监控、风险预警、风险分析及风险测算，提升主动风险管理能力：实现多组合多账户的智能风险监控及预警，帮助风控经理快速精准锁定风险原因并进行风险提示与防控；覆盖多维度、多资产的组合风险剖析，深度分析利率、权益、信用等风险，实现对产品及投资经理的风险刻画与跟踪；提供智能化情景分析，融合历史场景和专家经验，进行极端风险管理；基于风险因子体系进行动态的风险前瞻性测算，进行风险预警及安全垫监控；批量多维度的智能化数据分析，高效定制的深度风险报告。

5. 业绩分析

为投资经理及风控经理提供多维度的组合业绩风险分析，层层递进、深入剖析组合业绩：丰富的可视化业绩评价指标和可视化展示，快速响应不同的分析需求；实现业绩实时跟踪，可对接市场行情及组合日间持仓变动，动态估算实时业绩波动；灵活的业绩比较，关联内部组合与公募基金，比较多类业绩风险指标；多层次、多角度的绩效归因助力精细化的投资分析和业绩管理，多视角灵活分解，覆盖多类资产、多策略场景的归因分析，有助于及时复盘、精准评价组合绩效。

6. 多因子风险模型

KYZ对各类资产进行因子拆解，基于自建的多因子模型解决了固收投资的建模难题，科学地计量和解释组合的收益波动，帮助投资和风控经理准确定位风险和收益来源、有效管理组合风险。

KYZ多因子风险模型选定少量系统性风险因子，计算因子的波动率和相关性，同时纳入了前瞻性的统计模型（如时间序列 Garch 模型等），可实现对组合波动率的科学预测。由于所选因子相对稳定，且数量远远小于金融资产，因此计算具有可行性，且得出的相关性矩阵更加稳定。KYZ 多因子风险模型可计算每个持仓资产的收益对每个系统性风险因子的敏感性（即对每个因子的暴露），无法由系统性风险因子解释的则列为单独的异质风险（异质风险之间的相关性通常为零，当持仓资产足够多时将因分散化效应而消失）。由于这些系统性风险因子具有明确的经济含义且和金融市场变化直接相关，多因子风险模型可以为投资经理提供重要的视角，对理解组合风险和调整风险暴露具有重要的指导作用。

综上所述，得益于 KYZ 多因子风险模型，组合管理工作台不仅构建了一套完整的量化模型体系用于投资、风险管理及绩效分析，更是统一了投资与风控沟通语言，提升了管理效率、降低了管理成本。

（三）应用情况

下面将以一则案例来解释如何使用多因子风险模型更科学地量化和管理投资组合。

案例描述：组合的投资目标年度收益为 6%，投资范围是债券和权益类资产，组合的风险特征见表 3-1。

表 3-1　　　　　　　　组合波动率分解

资产类型	市值占比（%）	收益金额（百万元）	年化波动率（bps）	独立年化波动率（bps）	分散化效应（bps）
股票	11.5	2.65	164.89	235.56	70.67
国债	2.3	0.22	0.49	4.64	4.15
地方政府债	22.5	3.21	19.55	26.35	6.80
政策性金融债	23.7	3.14	22.86	34.78	11.92

续表

资产类型	市值占比（%）	收益金额（百万元）	年化波动率（bps）	独立年化波动率（bps）	分散化效应（bps）
同业存单	25.8	0.87	2.12	11.00	8.88
公司、企业债	11.2	1.96	0.76	4.13	3.37
资产支持计划	2.3	0.31	0.29	1.36	1.07
可转换、可交换债	1.0	-0.42	5.88	8.20	2.32
现金及等价	-0.2	0	0.00	0.00	0.00
总计	100	11.94	216.84	326.02	109.18

表3-1中分别列出了由 KYZ 多因子风险模型计算的组合的年化波动率和独立年化波动率，前者纳入了因子之间的风险分散效应，是接近真实情况的预测；作为对比，独立年化波动率是未纳入分散效应的计算结果。二者之差即为投资组合中资产的风险分散效应，在该案例中约为109bps。

模型可将年化波动率分解至不同资产，计算出各类资产对组合风险的边际贡献。我们看到，在这个组合中最大的风险来源为股票类资产，虽然市值占比约为12%，其对组合波动率的贡献约165bps，占组合整体风险的76%；第二大风险来源为政策性金融债，对组合波动率的贡献约23bps，占组合整体风险的11%。另外，可转债的区间收益金额为负，与其他资产类别呈现出明显的负相关关系。这意味着通过调整可转债的持仓比例可以产生比较明显的风险分散效应，在一定程度上减少了组合收益波动。

结合 VaR 模型，可以很快计算出取置信区99%时，组合的日度 VaR 值约为32bps，即投资经理可以有99%的把握判断组合的日度最大亏损不超过32bps。投资经理在掌握组合日度净值回撤幅度基本不大于0.32%后，可结合投资指引和负债资金的性质判断这个水平的组合风险是否可以承受。

基于上述案例可见，通过对组合波动率的计算和在不同资产类别上进行分解，可以将不同资产对组合风险的贡献进行直观比较；判断风险的主要来源和配比，是因子模型计量和分解波动率的重要用途之一。基于因子相关性的计算可让投资经理更准确地了解组合的风险特征及各风险因子之间的互相影响，得到可量化的分散效应，方便其进行调仓管理，其中最直接的方式包括调整各类资产的市值权重以达到调整和控制组合波动率风险的效果。

二、KYZ 信用研究工作台

（一）建设背景

保险资管机构内部的信评团队经过多年的发展普遍形成了较为成熟的信用研究体系，分析师们通常按行业分工，专注于行业内部的主体研究。但随着信息数据呈指数级增长、发债企业数量不断增加、违约情况逐渐复杂化，保险资管机构越来越意识到仅依靠分析师判断的局限性，于是开始尝试借助大数据和量化模型来提升信用评级的效果和效率。

平安资管是行业内第一批建立买方信评团队的机构，KYZ 信用研究工作台充分沉淀了信评团队近 20 年的经验、模型和数据。时至今日，平安资管已形成了一套"企业—行业—地域—策略"的立体信用研究体系，并通过 KYZ 信用研究工作台将其中各个关键环节以及数据、工具和平台的形式具象化，信评分析师和风控经理可以在其中完成对信用风险的识别、评估、监测、控制、报告等工作环节。

（二）模块介绍

KYZ 信用研究工作台将信评研究的各项工作分解并模块化，使用微服务架构，各模块统一接口格式，相互之间低耦合。工作台主要包含管理驾驶舱、信用评级、定价测算、风险预警、策略研究等模块（见图3-2）。

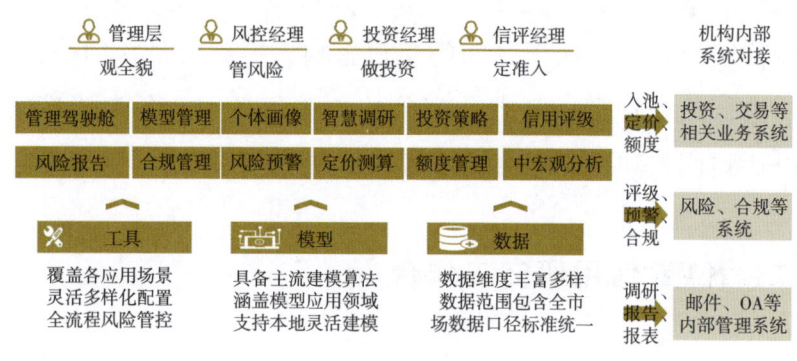

图3-2 KYZ信用研究工作台概览

1. 管理驾驶舱

为管理层提供高效直观的信用风险全景描述，包括持仓评级分布、违约统计以及持仓风险提示等。

2. 信用评级

KYZ量化评级模型提供"全天候、全自动、全覆盖"的主体和债券评级结果，并与审批流模块对接，提供一体化的信评流程管理。

3. 定价测算

KYZ定价模块将可比券定价法和收益率曲线定价法工具化，并参数化管理各模型的假设和规则，接入公开市场的成交以及询报价数据，即时生成定价结果。

4. 风险预警

KYZ智能风险预警模型从舆情、市场、传导、基本面、财务粉饰等维度综合衡量主体的信用风险，持仓主体达到设置的阈值触发平台推送风险信号和归因。覆盖10 000+家发债及上市主体数据、600万发债主体关联企业、20万只市场债券信息。

5. 风险报告

运用 NLP 技术学习海量信评和风控报告后，KYZ 风险报告模块基本具备自动生成分析师语言风格和样式的报告能力，可以大量节省分析师撰写报告过程中数据收集、罗列主体事实等手工步骤，让分析师将时间和精力聚焦在更关键的逻辑和最终结论上。

6. 信用建模

基于专家经验形成的多维度因子数据，通过图形化界面，"零编码"辅助信评分析师自主构建模型。工具中包含完备的入模因子数据和学习样本，一站式支持模型的构建、训练、验证和发布。

7. 中宏观研究

提供政策、行业、地域、市场等研究数据和分析工具，辅助政策追踪研究、预判行业景气度、分析地域经济情况。

8. 策略研究

提供海量宏观、行业等指标以及多维度的自定义样本，支持复杂逻辑的指数构建，满足个性化信用策略研究需求。

（三）应用情况

依托 KYZ 信用研究工作台，平安资管积极与银行、券商等机构探索数字化应用合作。

以某券商为例，由于缺乏足够的信用分析专业人才和研究数据，该券商信用债投资局限于所属省份城投债，投资范围难以拓宽。希望借鉴成熟机构的信用研究体系，提升信评和模型专业能力。KYZ 信用研究工作台解决了该客户的痛点，提供大量模型因子和训练目标，让用户根据自己的投资偏好和标尺构建评级模型。该券商完成了多个重点行业的信评模型建设，并具备了量化模型的自建能力，拓宽了信用债投资研究的范围。

三、展望

数字化对资管行业的重塑才刚刚开始,探索差异化、高质量的数字化发展道路是保险资管机构的使命,也是生存需求。

平安资管将继续秉持科技赋能的初心使命,推进数字化深入发展,一是加深业务全价值链的赋能,二是加强差异化核心能力的打造,三是积极探索生态合作与共建。依托最优秀的人才与最先进的数字化平台,最终从整体上形成人机合一决策有机体系,提升数字化时代竞争力,提高公司发展质量,更好地服务客户、服务实体经济、服务国家战略。

第二节　泰康资产财富业务数字化转型之路*

一直以来，保险资产管理公司均以管理一方资产为主，相应地，资管科技的应用和发力也一直围绕投资研究、投资管理相关领域为主。然而，随着国家经济的发展、监管环境的变化以及行业业务的拓展，保险资产管理公司管理第三方资产的业务比例也在逐步加大。第三方业务的发展，给财富管理领域科技的应用带来新的机遇和挑战。

泰康资产作为保险资管领域的领先机构，第三方业务的比例逐年增大。随着业务的发展，客户类型增多，面临的挑战也不断变化。在这一背景下，泰康资产财富科技应运而生，从无到有、全方位支撑了业务的发展和转型。

一、泰康资产第三方业务概况

近年来，国内资产管理行业发展迅猛，资产管理规模不断攀升，资产管理机构亦如雨后春笋，市场规模不断扩大。保险资管行业作为大资管领域的一部分，同样发展迅速。据中国保险资产管理业协会《2020—2021年保险资产管理业调研报告》，截至2020年底，保险资产管理行业管理资产规模稳健增长，整体达到21.38万亿元，同比增长19.2%；其中，管理第三方保险资金规模达1.7万亿元，

---

* 本节作者为泰康资产管理有限责任公司李新明。

同比增长 46%，增速较快；管理银行资金也有了较强发展，规模将近 1 万亿元，增速达 62%。保险资产管理机构第三方业务的地位已经越来越重要。

泰康资产管理有限责任公司（以下简称"泰康资产"）作为保险资管领域的一员，同时也是业内第一批试点第三方业务的机构，多年来一直积极发展第三方业务，并且持续呈现出较强的增势。截至 2021 年 6 月末，泰康资产受托资产管理规模已超 24 000 亿元，其中第三方资产总规模已突破 14 000 亿元。随着行业市场化程度的不断提升，公司业务全面发展。

泰康资产第三方业务的资金来源涵盖了第三方保险资金、银行资金、基本养老金、企业年金、职业年金等，机构客户和高客财富管理已成为公司规模增长的新力量。由于服务的客户是众多专业的金融行业机构，有着不同的风险收益需求以及专业的判断和参与度，因此，和大资管领域其他行业相比，保险资管领域的财富管理业务有着更大的挑战。

二、第三方业务面临的挑战

泰康资产第三方业务的主要客户包括养老金客户（基本养老、年金客户、职业年金）、保险客户和银行客户。不同客户之间资金来源不同，不同账户的需求差异明显。

（一）基本养老

作为基本养老的组合管理人，首先是需要承担相应的社会责任，确保组合作为"配置工具"在养老基金中起到的保值增值作用。具体而言，一方面需要管理人在遵守组合投资方针的基础上，对标投资基准构建组合，避免大幅偏离；另一方面，需要管理者在严控风险的基础上，取得超越基准和同业的超额业绩，保证满足社保基金理事会的考核评价，只有做到长期和短期业绩均超越投资基准，才能履行好管理人职能。此外，基本养老由社保基金理事会受托管理，本身也有很强的配置管理能力，在交易、研究、风险、数据方面都有着更为细致、全面的合作和对接的诉求。

（二）企业年金/职业年金

年金作为长期资金，肩负着企业对员工负担养老资金的重任，因此对于波动率、长期收益比较重视。随着年金可投资品种的增加、委托人对企业年金重要性认知的提升，委托人对合理制定计划层资产配置的诉求日益强烈。更多的委托人加强了在资产配置上投入的研究，并有意识地引导和鼓励投管人发挥专业所长而不是全面发展，并希望在日常的投资过程中加强对于一些另类、专门品种的投资授权管理以减少风险。

在销售服务方面，需求也更加专业、全面、系统化。除了按照合同约定的定期汇报、信息披露等服务之外，委托人和受托人也逐步加强了全计划层面的整体分析、资金分配、定期考核等机制。有越来越多的大集团通过各种指标对于组合表现进行回顾和盘点，并以此来决定新增资金的分配规则。

（三）保险客户

保险资金类似一方资金，是长钱。一是要求资产管理机构有管理长期资金的能力；二是有刚性成本约束，要求保险资金的投资收益能覆盖负债端的刚性成本；三是保险资金需求复杂多样，这源于保险产品本身的设计复杂，需要保险资金运作考虑背后负债端的保险资管产品的条款特性以及现金流情况。

由于保险资金的特殊性，保险资金的运用监管一直较为严格，相关部门建立了一系列规章制度，在投资资格、投资大类比例、偿付能力等方面对保险资金的运作进行全方位管理。

（四）银行客户

相比前面的客户，银行资金呈现投向多元化、委托需求多样化、追求绝对回报、考核短期化等特征。这些特征和银行的资金来源有较大关系，如个人资金、理财资金、同业资金等，风险偏好较低，对净值回撤以及波动的容忍度较低；而资金来源为私人银行客户时，风险承受能力相对较高。另外，不同类型、期限的理财产品其对应的需求也不一样。部分有投资能力的银行，也会自己设置资产配置计划，再从细分策略中选取合适的管理人。整体而言，银行资金受短期考核压力、监管影响等，风险承受能力较低，并且其资金投资范围也有限制。

来自不同客户，不同资金账户的差异化需求，给资产管理公司业务管理和数字化建设带来以下几方面的挑战：

第一，满足个性化要求的能力：不同领域的客户，因其资金来源、资金类型、领域要求、监管要求等，对实际资金落地运作的要求各不相同，这需要资产管理机构有高效的个性化定制能力，在快速承接客户多元化需求的同时，还要自身做好内部风险的管理和效率的提升。

第二，管理大量专户、产品的能力：上述客户的资金一方面是整体量大，另一方面是资金细分的需求不一致，因此必须以不同的载体来高效地承接客户的需求。

第三，支持客户高度参与的能力：客户大部分为专业机构，自身在投资领域都有一定的能力，因此会提出具体的资金运用需求，并在投资运作的过程中持续产生新需求。作为资产管理机构，满足这种需求就需要自身有强大的投资能力、产品能力、服务能力。

三、泰康资产的财富科技实践

为了更好地应对财富业务带来的挑战,泰康资产高度重视数字化建设,投入大量人力和财力进行相应的数字化建设。在这一过程中,科技团队坚持需求导向,服务实际业务;积极拥抱新技术,不唯技术论;价值交付优先,不吝于尝试。整个科技平台从无到有、从简单到丰富,提供了全业务闭环的支持,很好地协助业务解决面临的挑战。

(一)灵活的产品管理平台应对个性化的需求挑战

为支持客户的需求,泰康资产以专户和产品形式将公司的投资能力外化,通过这两大载体承接客户的资金运作需求。应对上述挑战,公司通过产品对不同的投资组合进行包装,达到满足不同客户差异化需求的目的。

随着第三方业务大力发展,泰康资产的养老金产品和资管产品发行数量和规模迅速增加,每年新增约200只产品。由于多数产品都是结合客户需求和投资特色进行的个性化定制研发,整个研发过程以及内部评审环节相当复杂。很多必要环节在每个产品的研发过程中都需要重复一次,很多材料、要素、流程都是相近的,而且产品的生命周期过程中也涉及大量的文档编辑、多人协作。每个文档生成以及后续维护更新都涉及大量的人力工作,很多业务部门都面临着非常大的压力。

为了减轻产品研发以及后续的产品生命周期中持续运维的手工工作量,我们建设了产品生命周期管理系统(见图3-3)。通过系统,规范管理整个产品生命周期的各环节,使各步骤标准化,提升产品设计、发行、存续管理等工作的效率。

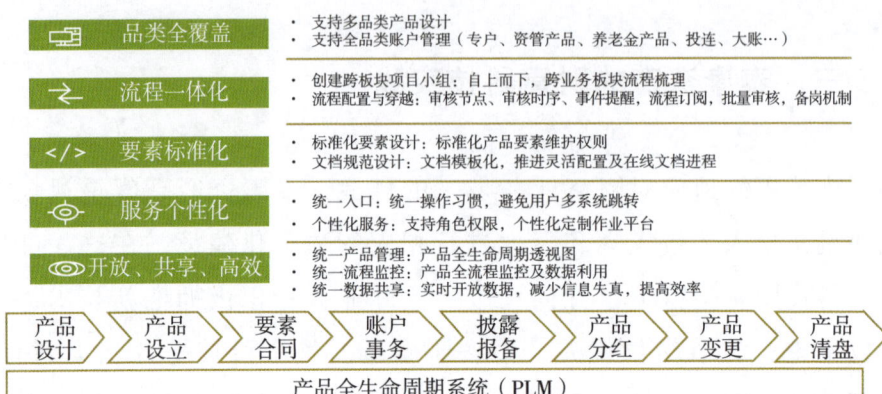

图 3-3　泰康资产产品全生命周期系统

产品生命周期系统提供涵盖产品规划设计、产品创立、产品模块化开发、产品运作、产品评价、产品分析、产品风险处置、产品终止退出等功能。

具体功能设计上，以要素标准化 + 服务个性化的方式为思路。标准化可以支持将产品分成不同的定义模块，支持相似模块的快速复用；个性化的能力支持承接个性需求。上述设计方式，有效地支持了大量个性化的产品创设需求。

具体技术上，我们采用微服务的架构进行系统搭建，服务框架上选用 Spring Boot + Spring Clound，服务注册中心使用 Eureka，路由网关采用 Zuul。部署上采用容器技术，并通过 Jenkins 进行发布管理。

在系统开发设计上，一方面，我们使用领域建模，合理划分微服务，使系统的架构设计合理，易于升级维护；另一方面，引入公司的公共服务组件（工作流、电子签展、邮件服务），提升系统的研发效率。

（二）面向客户需求的销售管理平台应承接客户个性需求

销售是产品和客户的链接，也是了解客户需求、为客户需求提供方案的直接触点。有效的销售管理平台，可以帮助实现销售目标，合理地配置公司的投资资源，促成客户成交，驱动资产管理公司管理规模增长。

结合业务需求和挑战，我们建设了 CRM 平台（见图 3-4）。平台功能涵括市场营销、销售过程、客户管理、数据分析等。

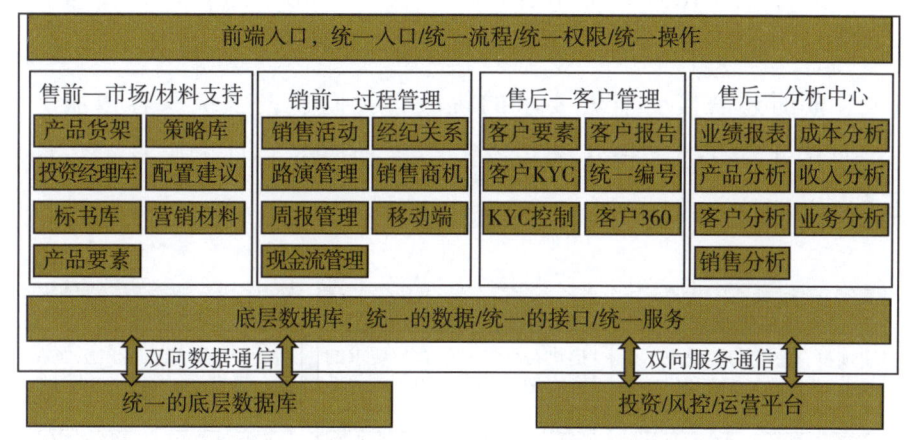

图 3-4　泰康资产 CRM 平台

在平台的功能设计方面，我们从用户角度出发，面向不同类型用户提供不同类型的客户管理、销售过程管理功能。为销售人员提供精细化的销售过程管理工具。同时和产品平台数据打通，一方面将产品解决方案直接呈现给销售，助力销售为客户提供方案；另一方面为销售平台提供账户规划功能，反向形成产品需求。

在具体系统设计思路方面，我们采用面向业务场景的方式设计系统流程和功能，改变常见的按功能模块划分的设计思路，可以高效完成业务操作，避免产生面对一堆功能却不知道怎么使用的困境。

在客户管理方面，我们建设了标签系统，支持业务以自定义的形式生产客户标签；开发了客户 360 视图功能，支持从各个维度了解客户在公司的业务开展情况；开发了客户档案功能，实现了客户信息的标准化管理。

通过系统,我们实现机构客户资源整合与管理,支持业务多方面了解和分析客户,协助确定客户需求,助力销售工作的开展。

(三) 类型丰富的客户服务手段应对大量服务内容

产品的差异化必定带来客户服务的差异化。同时,客户所在行业的差异、资金来源的差异也带有不同服务要求。面对个性化多、量大,同时还需接受监管要求的挑战,我们建设了统一客户服务平台(见图3-5),平台从客户交易、主动服务、自主服务等方面提供系统支持。

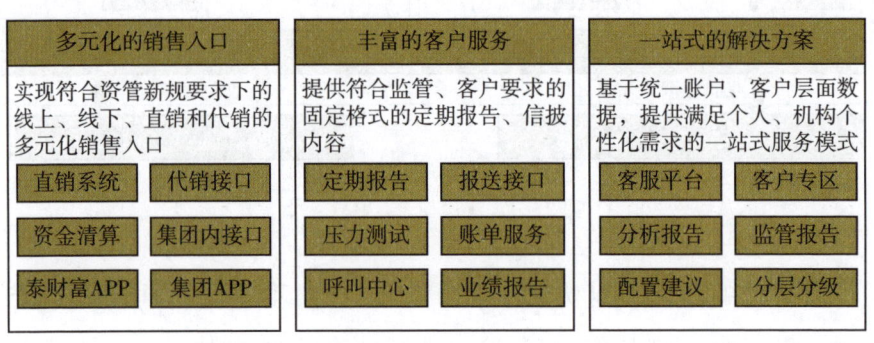

图3-5 泰康资产客户服务平台

1. 客户细分的支持

客户细分是指对客户进行分类,之后再对不同类别的客户提供相匹配的服务,使客户体验、业务效果均最大化。

客户分类的方式方法有很多,我们结合业务的实际需求,开发了客户分层分级、客户分群、客户关系识别等功能。

(1) 分层分级功能:对客户贡献以及潜力的评价,通过客户交易数据、标签数据等,对客户进行级别评定,可以帮助业务精准投放客户服务的资源。

（2）客户分群功能：客户分群的维度很多，一个客户可同时归属到不同的群里。我们在客户基础属性的基础上，通过引入外部公开数据，建立客户标签体系，并支持业务自定义标签，再依据标签信息对客户进行个性化分群。通过客户分群，可支持业务为相似客户提供针对性的服务，提升服务效果。

（3）客户关系识别功能：为支持对集团类公司客户的整体服务，我们通过外部公开数据与业务定义相结合，生成客户关系图，使得集团服务成为可能。

2. 标准服务的支持

对于标准化的内容，技术往往能产生有效且直接的效果。客户全生命周期的服务过程中，在客户交易、产品存续服务期间，均存在大量标准化服务的需求，这类需求既包括资管公司的主动服务，也包括监管层面的信息披露。为减少业务重复性工作，提升客户服务效率，我们研发了客户报告系统（见图3-6）。

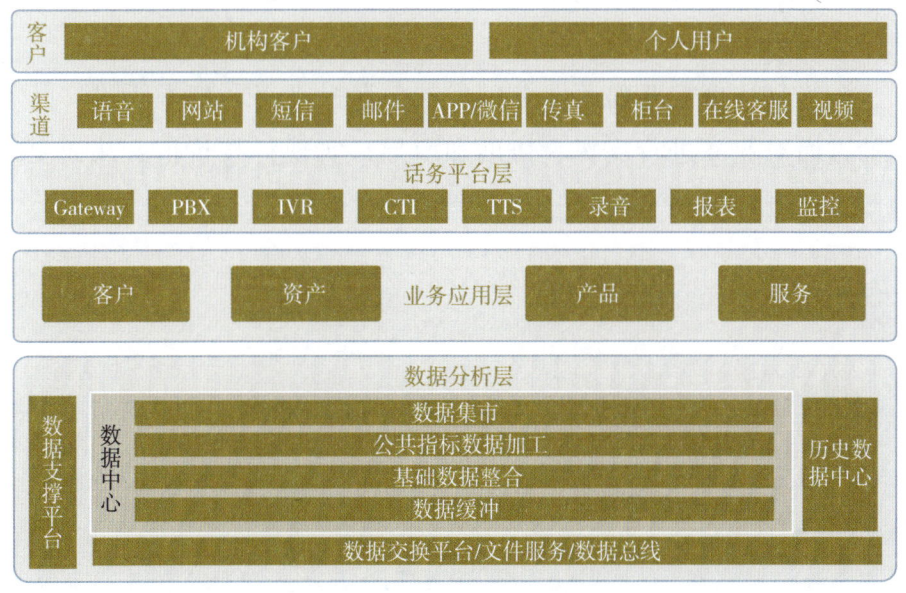

图3-6 泰康资产客户报告系统

客户报告系统承载了资产公司年金、第三方、资管产品等账户的定期客户报告的计算、生成、审核、用印及发送功能。涵盖了近2 000种年金报告模板及近1 000种第三方和产品的模板。通过模板和个性化定制功能，可支持业务快速创建新的报告类型，解决新增报告开发效率低下的问题。

3. 服务方式的支持

客户服务的方式涵盖座席客服、IVR、在线客服、交易触发的主动服务等形式，依据服务发生的频率和服务问题出现的频率，我们使用不同形式的服务方式来支持不同的客服诉求，在保证客户服务满意度的同时，最大限度地降低业务成本。

四、综述

随着资管行业的发展、成熟，市场竞争会越来越激烈。在竞争的格局下，资管机构需要不断提升自身的业务能力和服务水平，才能持续向前发展。

资管科技也需要随着业务的发展，紧贴业务、把握诉求，从不同的方面对业务进行支撑、协助和引导，实现科技价值，从而更好地服务业务。

第三节　国寿资产——恒生电子联合创新实验室另类投资管理平台数字化实践*

另类投资在保险资金运用中始终是资产配置的重要方向，也是保险资金服务实体经济、支持经济社会发展的重要投资工具。当前保险资产管理行业面临另类投资产品的规模和数量迅速增长、产品类型设计的复杂性提高、行业监管力度持续加强等新形势，传统的烟囱式系统建设模式已无法适应业务的创新发展。本文回顾了国寿资产另类投资管理平台的建设背景，分析了当前面临的机遇与挑战，阐述了国寿资产另类投资管理平台创新型建设方案和特点，并提出了面向未来的创新探索和思考。

一、另类投资管理平台建设背景

近年来，特别是党的十九大以来，中国人寿资产管理有限公司（以下简称"国寿资产"）深入贯彻落实党中央、国务院重大决策部署，充分发挥保险资金长期性、稳定性的天然优势，积极服务对接实体经济，在深化金融供给侧结构性改革、服务国家区域发展战略和产业布局、践行ESG/绿色投资理念等方面发挥了行业示范引领作用。另类投资业务在服务国家战略、服务实体经济、服务社会民生

---

* 本节作者为国恒创新实验室朱坤（国寿资产）、相培峰（国寿资产）、周梦佳（国寿资产）、刘杨（国寿资产）、武杰（恒生电子）、李浩（恒生电子）、王忱（恒生电子）。

方面发挥了极其重要的作用。一套适应行业发展需要、契合公司业务流程、IT底层架构灵活的另类投资管理平台将极大助力另类业务高质量发展。

另类投资产品不同于标准化产品，属于定制化金融服务产品，产品特性决定了另类投资管理平台建设具有许多新的特点。

首先，另类产品类型多样，项目周期长，业务流程环节多，产品类型和交易结构更新迭代快，需要另类投资管理平台的底层架构具备灵活性和可扩展性，能够满足未来产品要素与类型新增的变化需求；同时，为了实现对另类业务募投管退的全流程管控，需要依据产品变化实时进行敏态调整，支持流程阶段和信息数据的灵活配置，实现系统间的互通互联，提高工作效率。

其次，另类产品具有私募和非标准属性，没有可以照搬照抄的数据标准。数据采集环节多，数据定义存在分歧，缺少统一的数据出口，投前、投中与投后流程数据分散于多个不同系统中，往往难以形成基础数据的闭环管理。系统规划时要充分考虑数据架构的灵活性，打破原有的数据孤岛模式，与周边系统实现有效的互联互通和数据共享，以数据治理体系的构建为抓手推动数据标准化的落地。

最后，在资管新规背景下，监管机构对非标资产穿透管理、投资者利益保护、流动性管理等要求日益严格，数据报送需求也日趋高频，保证另类数据的准确性、规范性、及时性是数据治理的基础目标。系统规划时要充分考虑各委托方、上级公司与外部监管的数据统计要求，实现数据抽取逻辑的可视化管理和多维度、多层次元数据的统一标准化管理。

面对另类投资业务产品的规模和数量迅速增长、另类产品类型设计的复杂性提高、行业监管力度加强等新形势，迫切需要金融科技赋能另类投资业务，提升另类投资业务数据治理水平，为数据化应用打好基础。

二、另类投资管理平台建设面临的机遇与挑战

现有另类投资管理系统的烟囱式架构、前后端不分离、手工式开发流程、复杂的运维保障等已对业务发展形成制约,迫切需要以数据流打通业务协同,厘清数据交换的时点、内容和相关部位职责,推动信息互联互通、开放共享,提升数据的时效和质量。

自 2020 年以来,中国保险资产管理业协会积极开展《债权投资计划数据标准》《股权投资计划数据标准》等行业数据标准编制工作,助力行业打造通用语言,为行业数据共享奠定基础,为行业监管和防控风险提供有力抓手。该项举措为建立一套覆盖全流程、全品种、全要素的新一代另类业务系统打下了很好的基础。以此为契机建设完成的另类投资管理平台将成为统一的管理平台,落地数据标准定义,实现要素数据的全面管理和有效共享。

2020 年,国寿资产会同恒生电子股份有限公司(以下简称"恒生电子")建立了国寿资产—恒生电子联合创新实验室(以下简称"国恒实验室")。在 2020 年底,结合另类业务场景,国恒实验室探索新技术应用,考虑建设新一代另类投资管理平台,以解决另类业务数据治理和投资管理上的痛点难点,更好地打造和推广国寿资产另类业务品牌。

三、新一代另类投资管理平台数字化实践方案

研究基于微服务和容器化技术的另类投资管理平台,是本次国恒实验室创新实践的课题内容。国恒实验室计划通过 2—3 年的规划与建设,打造新一代另类投资管理平台系统,突破现有业务开展过程中存在的瓶颈,与交易、合规、信评等系统打通,实现全资产管

理、统一风控、全资产查询，满足国寿资产乃至中国人寿集团及子公司开展另类投资业务的募投管退各阶段业务需求，并支持新业务、个性化需求的快速响应，形成具有国寿特色的另类投资管理和服务标准的新平台，在另类投资的业务管理和科技应用上达到国内行业领先水平。

（一）数字化建设阶段

结合业务实际，课题小组明确了新一代另类投资管理平台系统建设分成三个阶段。

第一阶段：构建另类业务基础数据。

本阶段的主要目的是充分梳理另类投资的卖方业务和买方业务的功能，对产品管理、合同管理、标的信息、基础信息、业务功能等进行微服务化分解，夯实基础数据，为将来的另类投资业务的数字化、自动化、智能化的顺利开发做好技术准备。

第二阶段：加强另类业务数字化。

本阶段的主要目的是在另类投资管理平台上进行业务展业，功能包含工作台，投前项目管理、提缴款管理、收益分配、投后管理、风险管理、计算模型、产品清盘等业务功能，为了更好实现数字化，与公司内部的运营平台、CLIMB 文档库、信评系统、舆情信息、资金交收系统进行数据打通，保障顺利展业以及优化业务人员使用感知。

第三阶段：另类业务自动化、智能化。

本阶段的主要目的是基于第二阶段完成、业务需求以及行业发展需要，对 CLIMB 平台、O32（恒生交易系统）、全面风控、数据中心等进行对接，信创的国产化落地也在第三阶段完成，前沿科技的 OCR、NLP、大数据等也在本阶段进行创新尝试。

（二）数字化平台特点

作为国恒实验室的技术提供方，恒生电子不仅承担着系统建设的数据规划，同时也承担了国寿另类业务产品的流程方案管理咨询，全面调研险资市场案例，深挖行业业务需求、分析机构业务场景、完善技术方案，建设一个既满足国寿资产需求也能适用于整个资管行业的另类投资业务管理平台。

1. 新一代平台采用微服务架构

微服务架构模式打破了传统架构，通过一个个微服务的进程实现，更专注于单一功能。

利用微服务开发易学便捷的特性，可以快速自主研发业务模块，满足个性化需求，有效把控产品的交付周期和产品质量。为未来数字化平台的功能扩展与迭代奠定良好基础。

2. 灵活的要素管理

针对另类投资自身的业务属性，平台在技术底层上支持灵活的要素管理功能，页面生成能通过要素池模板进行配置，对债权、股权、资产支持计划等不同类型的项目，不同的业务阶段、不同的业务节点，可相应展示出不同的要素配置结果，满足另类投资管理业务的要素管理需求。

3. 自定义业务流程

工作流管理通过业务流程定义设计、管理并执行解决传统审批流，跨业务域集成 BPM，以及 ETL 流，可扩展、灵活的实现工作流/业务流程的企业级开发框架，提供了流程设计管理、流程运行监控、流程客户端等功能，满足另类投资业务中对流程的灵活拆分互通互联的要求，同时也为面向整个集团的平台对接做好准备。

4. 自定义报表

基于底层的灵活的要素管理的功能实现，可采用 BI 报表开发工具，通过业务逻辑关系创建对应业务表的关联关系，让业务使用人员可自行通过拖拽的方式形成报表，满足业务人员对监管、三方、内部等的不同的报表使用需求。

5. 收益分配模型

收益分配功能支持多种维度设置、手工干预、按固定利率分配、按时间分配、按受益级别分配，组合分配方式灵活选择，收益分配精确度较高，通过建立模型的方式满足另类投资管理数字化平台对于债权计划、股权计划、资产支持计划、私募股权基金等全品种的收益分配计算模型。

6. 风险监测

风险监测功能是另类投资管理数字化平台建设的重要内容。在另类风险管理功能中，投前风控主要是风险指标的监测、投资合同的指标判断，具体可分为人工风控与系统自动风控。在投后环节中，平台支持与外部舆情信息对接，针对投资项目进行市场风险预警，提醒项目管理人员予以特殊关注，实现风险早发现、早预防、早处置。

四、另类投资管理平台的创新探索

另类投资管理领域，自然语言处理技术与知识图谱的结合，可以推导事件、情感在企业链、产业链上的传导，辅助风险控制。

（一）OCR 识别

OCR 识别已在国寿资产有了部分场景落地，逐渐开始向数字化转型。通过对语义理解和空间拓扑关系分析并结合深度学习模型的智能 OCR 将成为未来几年的技术发展方向，如有突破，可为另类投资的事务管理工作如合同比对、要素提取、智能纠错等工作场景带来积极影响。

(二）大数据

大数据应用已进入跨界融合阶段，金融大数据与其他跨领域数据的融合与应用将不断强化，在风控和反欺诈领域将会更加成熟，能够改善风控模型，并且通过应用系统实现实时分析监控和预警。同时，深度的大数据分析、企业用户画像、知识图谱等也成为重要的技术探索方向，如关键词抽取技术、法律文书抽取等。可以为另类投资项目的相关融资主体、被投项目的投前投后事务管理工作提供有力的支持，将业务人员从繁重的文书处理工作中解脱出来，将精力专注于更重要的任务。

（三）人工智能

人工智能将从深度学习逐步转向认知计算，从弱人工智能向强人工智能发展。人工智能将对所有垂直领域产生影响，包括制造、客户服务、保健、医疗保险、交通运输等。在金融行业，人工智能将逐步实现对营销、风控、支付、投资、客服等金融应用场景的全覆盖，智能风控、智能投顾、智能投研以及智能投资将成为未来资管行业的核心应用方向。其中，智能风控将是另类投资管理领域中的重要研究方向。

（四）自然语言处理

深度学习是近几年来人工智能中机器学习研究领域所取得的重要进展，在诸如围棋对弈、电子竞技、语音识别等体现人类高级智慧的任务方面已经接近甚至超过了人脑的处理水平，也为医学影像诊断、自动无人驾驶、机器语言翻译等复杂任务提供了目前相对可行的解决方案。在图像、声音处理等领域取得突破之后，深度学习也已成为自然语言处理领域的研究热点。

中国保险资产管理业金融科技发展目标指出，在2022—2025年，科技在保险资管业的应用要实现较大突破，部分技术与应用要与世界领先资管机构达到相当的水平。到2035年，依托中国数字化的发展，我国保险资管领域的科技理论、数字化技术与应用总体要达到世界领先水平，成为全球保险资管领域科技应用的创新中心。新一代另类投资管理数字化平台是国寿资产与恒生电子的一次探索尝试，将会加快创新技术在保险资管行业的落地应用，促进全行业的数字化转型，以科技赋能助力保险资管行业的高质量发展。

第四节　大数据实时流计算技术在新华资产的应用实践[*]

在科技赋能的时代背景下，新华资产的数据中心系统建设顺应大数据技术浪潮，正在向基于 Flink 实时流计算框架和 Kafka 分布式消息队列的实时数据仓库方向进行转型与应用探索。在拆分核心计算任务后，流式事件驱动的并行计算可以更好地辅助投资组合主动管理及风险控制。单笔交易驱动的计算可在 300 毫秒内完成，单笔行情驱动的计算可在 100 毫秒内完成。全部近 1 000 个投资组合的计算过程可缩短至 3 秒内完成，相比传统批处理方式 10 分钟的耗时，速度上提高 200 倍以上。在实时风控的应用场景下，基于 Kappa 的流批一体化架构，可以实时计算流动性、资产分布、信用风险等多体系多类型的风险量化指标；在实时舆情分析预警应用场景下，流计算技术结合自然语言处理等，可以实时识别并推送正/负面舆情等市场信息，为投资决策过程提供有效支持。

一、背景

科技赋能时代背景下，以大数据、人工智能、云计算为代表的新技术，使过往受限于计算能力、数据规模、软硬件资源等因素无法落地的应用场景，在如今成为可能。

---

[*] 本节作者为新华资产管理股份有限公司李旭嘉、秦怀平、李涛、陈德礼。

近年来，大数据技术生态圈快速发展，在各行业广泛应用。Hadoop的开源实现，带来了分布式文件存储和资源调度框架；Hive用来构建企业离线数据仓库；Spark内存计算框架异军突起，逐步抢占MapReduce批处理霸主地位；Flink实时流计算框架横空出世，接棒Storm坐上流计算头把交椅；Kafka分布式消息队列因流式数据和高性能而生，已成为大数据流计算标配。

新华资产管理股份有限公司（以下简称"新华资产"）数智化转型进程中，自主研发的数据中心随着公司业务发展和技术变革浪潮持续转型。从最初的业务系统数据库间的互相调用，到数据大集中，再到分析型数据仓库与数据集市。大数据技术浪潮下，基于Hadoop和Hive构建了离线数据仓库。随着Spark内存计算技术的强势崛起，离线数据仓库的计算引擎也随之升级。近年来，以Flink实时流计算框架和Kafka分布式消息队列为代表的大数据实时流计算技术，逐渐成为构建实时应用的新标配。

Flink因流式计算而生，支持事件驱动应用开发；拥有精密的状态管理机制，支持增量计算，支持超大状态；能够实现精确一次（Exactly Once）的一致性保障，既不丢失消息，也不重复消费消息，结合Kafka作为输入输出，实现端到端的精确一次；拥有完善的检查点（Check Point）、存储点（Save Point）的容错与故障恢复机制，容忍节点宕机、硬件故障、网络闪断等不可抗因素，保障高可用；支持流批一体，不需要维护两套代码；运行方式灵活，可灵活部署于YARN、Kubernetes，集群资源统一管理与分配。无论是Flink还是Kafka，都具备强大的水平扩展能力，数据在各自分区上并行处理，实现高吞吐和低延迟。

数据中心正在向基于Flink实时流计算框架和Kafka分布式消息队列的实时数据仓库方向进行转型与应用探索。数据中心支撑的众多应用场景中，以投资组合实时估值、实时风控指标计算和实时舆情分析预警最为典型。

二、投资组合实时估值应用实践

保险资产管理相比其他资产管理行业，资金规模大，投资范围多样，对风险的管理要求较高。在具体投资管理过程中，通常按照权益、固收、非标等投资标的，拆分为不同投资组合进行管理，并根据组合表现，为管理人的绩效考核提供数据支持。投资经理实时关注投资组合的收益情况、现金头寸和各类资产分布情况，根据投资指引及市场状况对管理组合进行战略及战术配置调整。本文讨论的投资组合估值，特指对投资经理管理的投资组合进行估值，主要计算投资组合的净值、持仓、损益、风险等方面的指标，为投资决策和绩效评估提供数据支撑。

投资组合估值的实现方法，通常是在估值算法基础上，编写存储过程或开发程序等传统批处理方式。估值计算通常拆分为数据采集与转换、交易与现金流处理、持仓计算、净值计算等计算任务，传统批处理方式下，任务依赖上游任务计算结果，耦合性较强导致任务串行执行。存储过程方式，计算集中于数据库本身，也受限于数据库资源。程序方式虽然减轻了数据库的计算压力，但频繁读写数据库带来的 IO 压力，同时并行能力无法提高。这也导致传统批处理方式计算全部近 1 000 个投资组合耗时需要近 10 分钟。

为进一步提升投资组合估值计算的实时性，并满足对未来持续新增投资组合的估值计算需求，我们基于 Flink 实时流计算框架和 Kafka 分布式消息队列等大数据技术，设计实现投资组合实时估值系统。

基于事件驱动方式，计算不再依赖于调度，场内外交易、场内外行情等数据的新增或更新，都可以驱动估值计算。不再现去拉取数据，当触发计算时，数据已经到来。

任务并行化，解耦任务间的强依赖，任务边处理新数据边将已处理完的数据输出供下游任务计算，任务各司其职，互不干扰，不影响整体估值计算。

采用增量计算方式，不再进行全量数据计算，基于最新状态增量计算，计算过程中使用到的关联数据，如资产单元与投资组合之间的映射关系，也进行状态化处理。

支持水平扩展，传统批处理方式下，单机多线程计算，即使单机增加硬件资源进行垂直扩展，计算能力仍有限。在分布式计算下，增加集群节点，水平扩展计算能力，并保障计算的容错性、高可用性、一致性等。

核心设计上，将计算划分为交易数据采集与转换、实时组合交易计算、实时持仓计算、实时市值计算、实时估值计算、实时采样等不同任务。每个任务各司其职，并行执行，彼此间松耦合，某个任务的中断不影响其他任务。每个任务拥有独立的输入流和输出流，数据流无界，任务长期运行。实时交易、实时持仓、实时行情、实时市值、实时净值、最近交易日持仓、最近交易日净值等 Kafka 主题数据流上，数据的新增或更新变动，驱动整体实时估值计算。实时估值计算主要任务及数据交互关系见图 3－7。

系统总体架构见图 3－8。各实时估值计算任务以实现有效资源隔离的 Flink Per Job 模式运行于 Yarn 之上；Kafka 消息队列串联各计算任务，数据的新增或更新变动，驱动整个实时估值任务；HDFS 存储 Flink Job 的 Check Point、Save Point 保证容错性和一致性；Zookeeper 协调 Flink、Kafka、HDFS、YARN 等组件高可用运行。

应用层面，为投资经理提供组合管理大屏，展示投资组合的实时估值计算结果，包括组合概览、实时单位内净值走势、实时交易情况、申赎动态、权益提醒、实时持仓与损益情况、行业配置、风

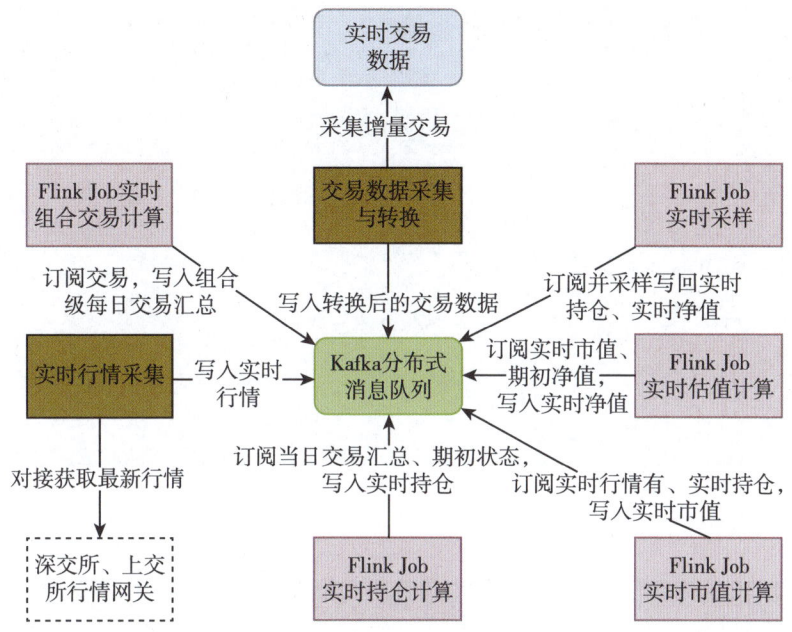

图 3-7　实时估值计算主要任务及数据交互关系

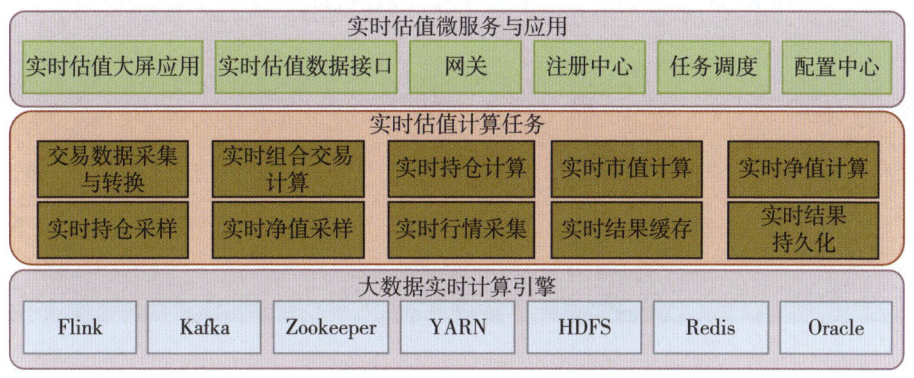

图 3-8　投资组合实时估值系统总体架构

险指标、年初以来净值走势等,并支持查看实时持仓下股票、债券、基金、正逆回购、存款、金融产品、股指期货等不同品类的详细持仓情况,具体效果见图 3-9 和图 3-10。

实际性能表现上,使用了 8 台物理机(64C CPU、256GB 内存)部署实时流计算引擎和计算任务,其中 5 台运行 Flink,3 台运行

图 3-9 投资组合实时估值系统大屏效果—首页（数据为模拟组合）

图 3-10 投资组合实时估值系统大屏效果—股票详细页（数据为模拟组合）

Kafka，其他依赖的大数据组件复用此资源。全部投资组合计算过程可缩短至 3 秒内完成，单笔交易驱动的计算可在 300 毫秒内完成，单笔行情驱动的计算可在 100 毫秒内完成，大幅提升了估值计算速度。

在设计实现时，考虑到开发难度和运维效率，并未一味追求极致的速度提升。对实时估值任务的拆分，使每个任务相对简单、功能专一、输入输出明确，也带来了一定延迟。如果追求进一步降低整体计算延迟，可考虑提升 Flink 算子并行度、水平扩展集群资源等方式，不建议合并为一个胖任务，单个胖任务会带来更高的复杂度，加大开发和运维难度。

以 Flink 实时流计算框架和 Kafka 分布式消息队列为代表的大数据实时流计算技术，通过流计算事件驱动应用开发，成功应用于投资组合实时估值，将全部近 1 000 个投资组合估值计算时间，从传统批处理方法的 10 分钟，缩短至 3 秒内，大幅提升了估值计算速度。

三、实时风控指标计算应用实践

风控指标计算，为风险绩效分析评估、投资组合分析、绩效归因分析和信息披露等应用场景提供数据支撑。传统计算方式，通常以批处理方式在盘后执行。在交易新增或行情变动下，投资经理希望能够以实时方式查看最新风控指标，并支持交互式探索分析和报表报告定制生成。

使用大数据实时流计算技术，可实现风控指标实时计算，包括 EWMA 和历史模拟的 VaR 体系指标；DVBP、关键久期、利率敏感度、麦克劳林久期、修正久期等利率风险指标；股票流动性、投资集中度等流动性风险指标；Beta、跟踪误差、市盈率、市净率、权益类资产敏感度等权益风险指标；Alpha、Beta、Calmar、Jensen、Sharpe、Sortino、Treynor、跟踪误差、回撤率、最大回撤率、信息比率等事后风险指标；信用评级、资金占比等信用风险指标；对冲前后 Beta、对冲效率、期货风险度等风险对冲指标；HHI 指数等集中度指标等，实时风控指标体系见图 3-11。

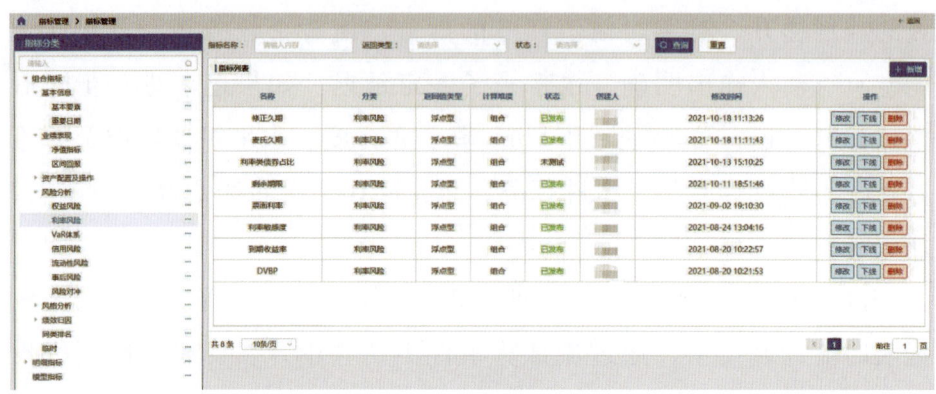

图 3-11 实时风控指标体系

系统架构方面,大数据实时计算历经了从 Lambda 架构到 Kappa 架构的演进。Lambda 架构包含离线处理和实时处理两条数据处理链路,很好地结合了离线批处理和实时流处理的优点,但需要同时维护两套代码,保障两个链路处理的一致性。Kappa 架构简化了 Lambda 架构,去掉了批处理链路,通过重放历史重新进行计算。我们采用了 Kappa 架构方式,将交易、持仓、损益、净值、行情等数据写入 Kafka,由对应 Flink Job 进行实时风控指标计算(见图 3-12),支持实时流式处理和历史批量重算,实现流批一体化。

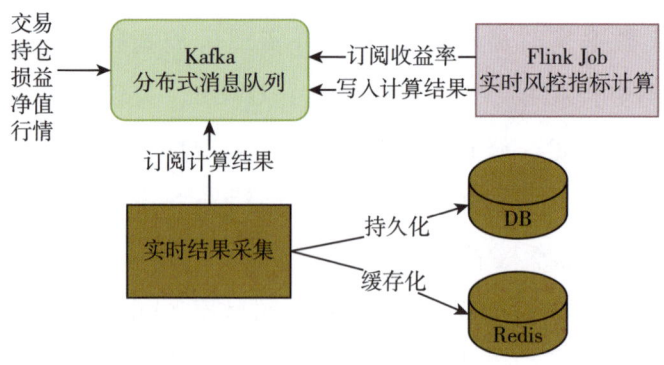

图 3-12 实时风控指标计算架构

四、实时舆情分析预警应用实践

互联网的高速发展和新媒体时代的来临,金融舆情信息呈爆发式增长。新媒体环境下,每个人都可以是内容的贡献者,信息源头急剧增加。海量的舆情数据和信息流使金融机构的业务人员每天淹没在大量的、质量参差不齐的信息里,难以从中发现有价值的投资信息。如何快速、全面地获取并精准挖掘舆情数据中的价值,赋能投资、研究、风控等业务领域工作,已成为各金融机构面临的机遇与挑战。我们基于大数据实时流计算和自然语言处理技术,自主研发了实时舆情分析预警应用。

在数据采集方面,从公开渠道,依法合规地实时获取上市公司和发债企业的海量舆情大数据,并使用 Flink 做实时数据预处理。

在模型训练方面,基于预训练语言模型 BERT,我们使用金融资讯数据再次进行了预训练,形成金融资讯领域的预训练语言模型。在此基础上,采用迁移学习方式,针对舆情分析下游任务不同场景,分别进行了精调(Fine - Tune)。通过蒸馏的方式进行模型压缩,得到更易于部署和推理的轻量级模型。

在实时推理方面,预先加载上述轻量级模型,根据 Kafka 中订阅的舆情数据,实时进行金融舆情的正负面情感分类、事件分类、公司实体识别等方面的推理,将各自计算分类标签写回 Kafka(图 3 - 13)。下游实时结果采集程序,将结果进行持久化和缓存化处理。

结合知识图谱技术,将企业知识图谱融入金融舆情分析预警中,对公司和行业做进一步的穿透和关联,第一时间将正/负面舆情等市场信息推送至投资经理,为投资决策过程提供有效支持。

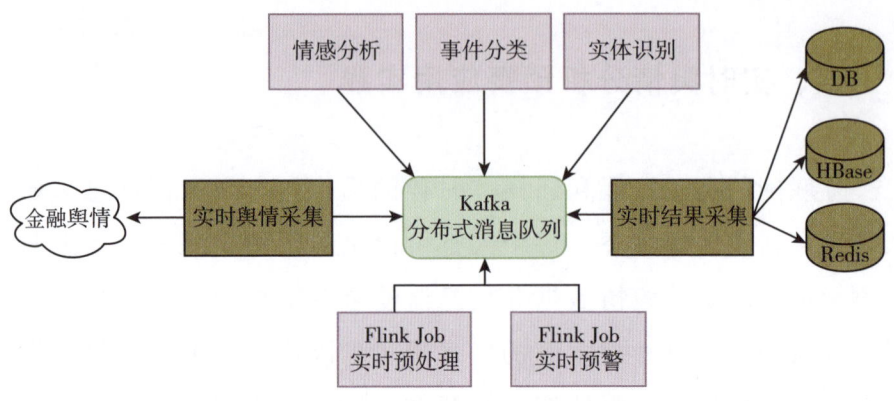

图 3-13 实时舆情分析预警架构

五、总结及下一步工作

大数据实时流计算技术在目前数据中心相关应用的使用还处于探索期，也是未来智能化相关技术在投资管理领域深入应用的载体，下一步我们将结合公司数字化转型的整体要求逐步加强其他业务场景的应用。

本节参考文献

[1] An Overview of End-to-End Exactly-Once Processing in Apache Flink (with Apache Kafka, too!). https：//flink.apache.org/features/2018/03/01/end-to-end-exactly-once-apache-flink.html.

[2] What is Apache Flink? — Architecture. https：//flink.apache.org/zh/usecases.html.

[3] Benchmarking Apache Kafka, Apache Pulsar, and RabbitMQ：Which is the Fastest?. https：//www.confluent.io/blog/kafka-fastest-messaging-system/.

[4] Matt Welsh, David Culler, and Eric Brewer. Seda：an archi-

tecture forwell‐conditioned, scalable internet services. In SOSP'01: Proceedings of the eighteenth ACM symposium on Operating systems principles, 230–243, New York, NY, USA, ACM, 2001.

[5] Lambda architecture. https://en.wikipedia.org/wiki/Lambda_architecture.

[6] What is the Kappa Architecture?. https://hazelcast.com/glossary/kappa‐architecture/.

[7] Jacob Devlin, Ming‐Wei Chang, Kenton Lee, and Kristina Toutanova. BERT: Pre‐training of deep bidirectional transformers for language understanding. In North American Association for Computational Linguistics, 2019.

[8] Suchin Gururangan, Ana Marasović, Swabha Swayamdipta, Kyle Lo, Iz Beltagy, Doug Downey, Noah A. Smith. Don't Stop Pretraining: Adapt Language Models to Domains and Tasks. In Proceedings of ACL, pages 8342–8360, 2020.

[9] G. Hinton, O. Vinyals, and J. Dean. Distilling the knowledge in a neural network. arXiv preprint arXiv: 1503.02531, 2015.

第五节　国寿投资"保险资产投资业务管理生态"建设实践案例[*]

"保险资产投资业务管理生态"是国寿投资保险资产管理有限公司针对另类投资领域的信息化提出的具有借鉴意义的实施方案。该方案基于另类投资管理平台,对内集成周边的投研系统、客户关系管理系统、信评系统、数据平台、风险管理系统、反洗钱系统等系统,形成集投研、投资、风控、投资者管理、客户服务为一体的场景化系统级联矩阵;对外连通监管系统,集团及委托方的投资管理系统、数据报送系统、统一信评等系统。通过用户管理系统统一渠道、打破系统间的流程和数据孤岛,形成基于内网和企业微信的"PC+移动"双渠道入口整合,初步形成了以客户为中心,连接投资者和资产端系统建设布局,为另类投资的系统化、规范化、智能化提供了一系列的解决方案。

一、项目背景及意义

国寿投资保险资产管理有限公司(以下简称"国寿投资公司")作为保险资产管理机构,聚焦于另类投资领域,业务范围涵盖股权投资、不动产投资、基础设施投资、特殊机会投资等。一方面,另类投资涉及的系统均呈现非标准化的特点,很难使用统一的流程、

---

[*] 本节作者为国寿投资保险资产管理有限公司张凤鸣、房海燕、田军、解定、张奋涛。

统一的数据维度和口径进行管理，给系统建设带来很大压力；另一方面，投资业务链条包括投研、客户、内部决策、投后管理、退出清算等，项目生命周期较长，很难有一个系统能够完全覆盖投资业务的全部活动。为此，公司聚焦另类投资这条业务主线，进行总体规划布局和系统建设工作，推出"保险资产投资业务管理生态"解决方案，制定"一平台两中心三能力"的实施路径。从实践来看，"保险资产投资业务管理生态"能够做到提升公司投资管理能力，助力业务挖掘数据价值，提升效能，强化风控。

二、项目重点解决问题及主要创新点

（一）项目重点解决的问题

一是通过另类投管平台解决投资业务的审批流程问题，通过引入流程引擎，灵活便捷地支持投资业务从储备、立项、投决到退出的全流程审批，将投资相关的业务流程从日常办公的签报中区分开来，为投资数据的沉淀奠定了基础。二是通过另类数据平台解决数据共享问题，通过建立统一的数据交换平台，极大改善了前台与中后台数据共享靠协调单、各部门投资业务数据台账化管理、数据口径不一致等问题，也为向监管、集团及委托方数据报送提供了坚实的数据基础。

（二）主要创新点

一是面向客户规划系统，通过引入客户关系管理系统，在投资系统机构库的基础上扩展为专业的客户管理系统，将公司的投资系统前延伸到外部客户，提供以客户的维度管理公司投资业务所涉及的拜访、商机、合作等，并支持业务联合拓展，提供增值服务。二是轻量化系统集成,通过引入用户角色管理系统进行各系统间的整合,从统一用户、统一角色、统一登录整合开始,逐步成为各系统应用级的基础设施,进而完善到流程整合和数据整合,提高实施的可操作性,降低系统集成的难度。

三、项目主要建设内容

(一)规划先行、稳步推进

公司通过对另类投资业务从投前、投中及投后全流程的所有业务动作进行高度归纳,从更上一层的维度抽取出 11 个大类别的业务需求模块。根据各需求模块的特性,从业务、技术、数据流等方面综合考虑,设计"1+N"的系统架构,推出"保险资产投资业务管理生态"解决方案,制定"一平台两中心三能力"的实施路径("一平台"是另类投管平台,"两中心"分别是以客户为中心和以数据为中心的设计理念,"三能力"分别是投研能力、投资能力、风控能力)。同时,根据"补短板、拓平台、强根基"的工作部署,把握"稳中求进"的主基调,本着"急用先行、分步实施"的原则,稳步推进实施。(见图 3-14)

图 3-14 "保险资产投资业务管理生态"整体规划图

（二）打造一体化投资管理平台

另类投管平台是公司核心的投资业务系统，公司以投资业务流程梳理为突破口，分步上线项目投资和产品发行两大主要业务，初步建成一体化的另类投资业务管理平台（见图 3-15）。另类投管平台支持投前、投中、投后流程，提供文档管理、会议管理、资金管理、账户管理、投后管理、移动端审批等核心功能，并组织完成公司存量项目的结构化要素和非结构化文档的导入和补录，积累公司投资数据财富。同时，另类投管平台与用户角色管理系统、CRM系统、公文系统、内网系统、另类数据平台、报表展示系统、企业微信等实现系统集成，打破系统间的流程和数据孤岛，提升业务效率和用户体验，全面践行投资业务的系统化、规范化，提升公司投资管理能力。

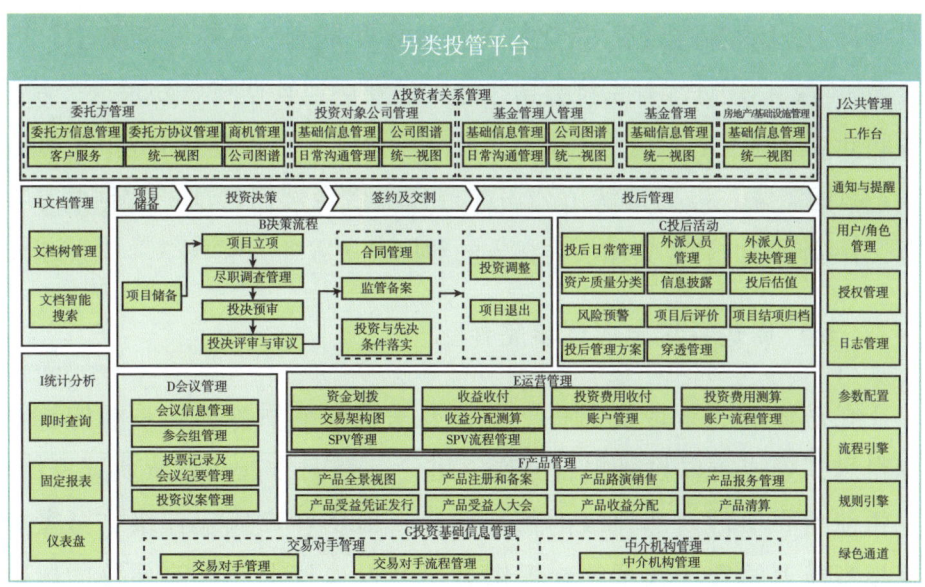

图 3-15 另类投资管理平台框架图

(三) 以客户为中心

CRM 系统是公司的客户关系管理平台，用于客户营销服务全流程管理，实现信息的统一集中管理。系统针对拜访数据丢失、成果分散、考核难以量化、统计数据不准确、时效慢等问题，提供覆盖公司市场营销工作的全流程管理，收集、统计和分析业务数据，通过建设统一的用户平台、客户管理平台、营销流程平台、数据平台等模块，实现自动化管理，提高工作效率，打破信息孤岛，向管理层实时统计和展现市场信息和数据指标，为公司业务开展和决策提供强有力的系统支持。

(四) 以数据为中心

为提升公司数据的互联互通，挖掘投资数据价值，对比阿里巴巴五层数据模型，引入数据建模、调度、监控、指标管理、填报等数据工具，自主进行技术集成。搭建另类金融数据模型，对接另类投管平台、全面风险、信用评级等系统数据，最大程度保证数据在一处录入、多系统联动使用，推出驾驶舱、项目卡片、全景图、报表等数据应用，快速满足数据需求，极大缓解了公司前台和中后台部门之间的数据共享问题，并提供与监管、集团、委托方的数据报送服务（见图3-16）。

(五) 周边系统全面逐步完善

在搭建"一平台两中心"的核心系统架构后，周边系统的建设变得水到渠成。以投研报告分享、讨论、查询为主的投资研究系统，提供债项和项目内部评级的信评系统，提供客户风险评级、可疑交易模型能力的反洗钱系统，提供公司已投项目全面风险预警的风险系统，逐步上线，通过用户角色管理系统的统一用户融入"保险资产投资业务管理生态"，与核心投资系统协同提供系统支撑能力。

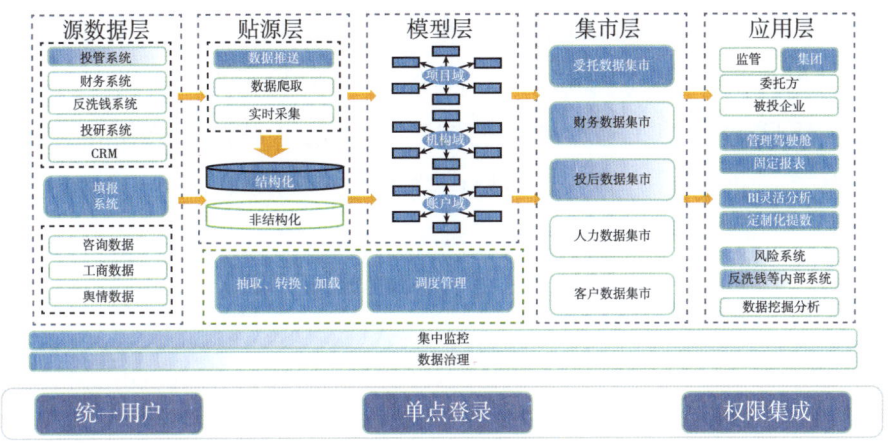

图 3-16　另类金融数据模型

四、项目效果

"保险资产投资业务管理生态"在国寿投资公司已成功落地,"一平台两中心三能力"的系统格局已经成型,生态内的系统既各司其职,又协同交互,共同支持公司另类投资的业务。目前,系统生态已实现管理公司所有受托项目的投资流程,统一管理所有的投资项目上会事宜,集中管理所有受托项目文档;数据方面通过移动端驾驶舱、项目卡片、项目全景图、各类报表等功能,覆盖公司80%以上的数据共享、提取和报送需求。此外,系统采取快速迭代的方式进行开发,截至目前另类投管平台已迭代93个版本、另类数据平台已迭代110个版本,已完全可以快速响应用户反馈和需求。

五、总结

"保险资产投资业务管理生态"能够有效支持保险资产管理机构针对另类投资的信息化、规范化和智能化;通过提供插拔式的设计理念，各家可根据自身投资业务的实际，增加或减少相应的系统模块，提高系统间的数据共享，降低系统集成难度；通过"总分一体、上下联动"的实施原则，能够对集团化、平台化公司在探索投资业务系统化的过程中提供一种借鉴思路。

第六节　面向服务的计算引擎在资产管理中的应用*

金融指标计算是资产管理行业数字化建设的一个重要环节。本文以长江养老保险股份有限公司计算引擎平台建设为背景，探索计算引擎平台的构建和应用。平台是基于 Spring Boot 开源框架开发的一套分布式系统，通过内存计算实现指标的准确高效计算。计算引擎平台基于数据、计算和应用三层架构理念，基础数据源于数据中台，对外部应用系统提供实时和异步接口计算服务，支持面向不同业务域及不同类别提供高性能指标计算服务，支持多线程和多节点集群化部署，实现了高扩展性，采用消息队列机制实现逻辑解耦合高可用性。计算引擎平台在多业务场景的应用，有力地提升了长江养老后台数据计算能力，夯实金融科技支撑作用，是在资产管理行业中科技和业务融合的一次成功探索。

一、引言

2019 年中共中央总书记习近平在主持学习时强调，要深化对国际国内金融形势的认识，正确把握金融本质，深化金融供给侧结构性改革，平衡好稳增长和防风险的关系，精准有效处置重点领域风险，深化金融改革开放，增强金融服务实体经济能力，坚决打好防范化解包括金融风险在内的重大风险攻坚战，推动我国金融业健康发展。

---

* 本节作者为长江养老保险股份有限公司杨红松。

2019年8月，央行印发《金融科技（FinTech）发展规划（2019—2021年）》，对强化金融科技合理应用、赋能金融服务提质增效、夯实金融科技基础支撑、运作效率调高等阶段性重点任务做出明确部署。

目前，中国大资管市场整体AUM规模高达116万亿元，已经成为仅次于美国的第二大资管市场，中国资管行业经过结构性改革正逐步走向高质量、可持续的良性发展轨道。麦肯锡预计整个市场将在十四五回到增长轨道，2025年资产管理规模有望达到196万亿元，2019—2025年均管理资产增速将超过9%，其中三大支柱养老金加总规模达到11.8万亿元。随着国有资本划转社保基金、职业年金市场化运作和个人养老金改革试点等多方位政策出台推进，中国养老金市场将迈入更加广阔的发展阶段，已成为大资管市场中重要的长期资金力量。

长江养老保险股份有限公司（以下简称"长江养老或公司"）作为一家专业的养老金管理机构，自2015年全面融入太保集团以来，公司各方面业务均得到极大发展。业务规模上，公司的资产管理规模从1 500亿元跃升到如今超过11 000亿元。依托太保集团转型2.0发展重要战略，公司在数字化能力上有了明显提升。在技术运用上，尤其是在做好底层数据的收集、分析和挖掘方面，形成了多元化定制化的服务，持续打通了信息孤岛链接，不断探索出提升数据服务能力技术。在确保养老金主业稳健经营的前提下，通过运用金融科技突围当前发展瓶颈，提升管理效率，提升客户满意度，探索新业务和产品模式，形成可持续发展，是当前长江养老数字化转型、金融科技赋能的一项重要任务。

二、金融指标计算现状及其痛点

长江养老在推进数字化转型的过程中首要任务是解决数据共享

集成应用的问题,这类问题主要因为海量数据散落在众多机构和信息系统中,形成一个个"数据烟囱"现象,导致数据应用效率低下,大量人力被消耗在以数据打通为目的的开发中,严重影响了业务的连贯性。逐步增长的数据和报表需求与金融计算支撑能力不足之间形成不可避免的矛盾,除了要加快大数据平台基础设施的建设和优化外,还要尽快建立以面向服务为目标的金融指标计算体系,化解金融指标不完整和口径不统一等困局。

资产管理行业软件多源于外购产品,底层数据结构和实现方式多样化,指标存于多个系统中,获取周期长和数据易用性差等问题突出。因此,提升指标口径一致性、缩短数据供应和数据应用之间的距离,并统一对外数据归口是计算引擎搭建的一个重要挑战。

金融指标是在金融行业衡量目标特征的统计数值,是某一业务活动中业务状况的数值指示器。指标的意义在于它使得业务目标可描述、可度量、可拆解。资产管理行业组合收益率、基准收益率、计划层收益率、标准差、最大回撤等是典型指标。

依据可是否再分性把金融指标分为原子指标、派生指标和组合指标(见表3-1)。

表 3-1　　　　　　　　　　金融指标分类

指标分类	指标描述
原子指标	指表达业务原子量化属性的且不可再分的概念集合,有明确的定义,如组合日收益率、个券日收益金额等
派生指标	指建立在原子指标之上,通过一定运算规则形成的计算指标集合,如月收益率、年度收益率和组合层面日收益金额等
组合指标	指原子指标或派生指标与维度成员、统计属性、管理属性等相结合产生的指标,如年度收益率排名等

依据金融指标所属业务域可划分为业绩类、风控类、持仓分析类和归因类等(见表3-2)。

表 3-2　　　　　　　　　指标分类及举例

指标分类	指标举例
业绩类	绝对收益率、基准收益率、超额收益率和绝对收益率排名等
风控类	夏普比率、下行标准差、最大回撤、信息比率、贝塔系数、阿尔法系数、詹森指数和流动性等
持仓分析类	持仓市值权重、持仓成本权重和持仓平均市值等
归因类	收益率贡献、BRINSON 归因系列指标和 CAMPISI 归因系列指标等

原有计算系统虽然对部分指标已经做了统一化、标准化的设计，但因为系统独立建设的历史情况，还不能完全覆盖所有业务条线的金融指标取数需求。另外，因资管业务的发展和政策的变化，这种数据计算需求变得更为频繁和复杂，原有架构实现模式已经不能满足日益增长的计算需求，总结为以下四个方面：

（一）算法口径不统一

随着外部客户对业务认知程度的不断提升，客户对受托、投资和产品等服务提出了越来越多的个性化指标需求，这些指标缺乏统一的管理，在算法、口径、流程等方面也不尽相同，导致了各个系统之间，即使是同一个产品的相同指标，也可能由于口径不同而产生差异。

（二）底层数据不统一

各业务系统隶属于不同业务条线，底层数据来源不尽相同，出于从系统和数据属主方面考虑，各业务习惯信任所处条线产生的底层数据，数据来源的不统一逐渐造成了指标的计算逻辑和结果在各个业务系统中的差异性。

（三）指标复用率低

业务系统来源于不同厂商产品，系统建设时点也不同，接口封装方式不一定能够满足开放共享的要求，导致了在不同业务系统的指标单独存在系统内部，形成信息孤岛。当两个系统计算结果出现不一致的情况，需要分别溯源，成本很高。综上原因，造成了不同系统的指标计算方法无法适应其他业务场景，不利于复用。

（四）计算能力不足

传统基于存储过程的计算方式随着调用频率和调用场景的增长，暴露出诸多方面的弊端。在应用缓存方面，虽然有全局临时表之类的方法可以做缓存，但同样加重了数据库的负担，如果缓存并发严重，经常要加锁，效率堪忧。数据库服务器硬件水平扩展添加到一定程度后，成本提升幅度会超过性能提升幅度，性价比降低。

三、计算引擎平台特点

基于以上问题，长江养老于 2019 年开始着手计算引擎的设计和研发，旨在借助统一计算引擎平台，快速搭建各个数据孤岛之间的通路。通过计算引擎的搭建有效缓解各种金融指标的计算瓶颈，快速提升业务效率。

长江养老计算引擎平台基于 Spring Boot 的开源框架，能够快速应对技术变化，随着计算功能的不断完善，呈现出以下几方面特点：

（一）灵活、开放和完备的指标计算体系

经过几年系统建设的积累和沉淀，计算平台提供 300 多个指标算法体系，形成一套涵盖六大主题，包含风险分析与绩效评估等主题，平台拥有先进的绩效计算体系，在业绩衡量、业绩归因和风险收益率评价等多方面为投资组合和计划提供多角度的绩效评估分析。

（二）强大的数据集成能力

计算引擎平台数据源于数据中台，中台可以灵活定义数据导入脚本，能够连接不同的外部数据源进行导入、转换、清洗和整合加工。计算引擎通过数据加载模块获取中台数据，将底层数据和算法之间实现松耦合，这样减少数据同步问题。

（三）可扩展性强和可用性高

可扩展性强代表一种弹性，随着业务成长，系统才能保证旺盛的生命力。随着用户并发访问频率的上升，在单个节点负载不饱和的情况下，为了有效利用可扩展的计算资源，可以动态调整线程数量；当节点负载饱和情况下，管理员可增加计算节点数量，实现计算引擎平台横向扩展。消息队列作为消息传输过程中保存消息的容器，是分布式系统中重要的组件，消息队列机制可有效实现解耦、削峰和异步三个目标。通过引入消息队列，系统的可用性得到了有力保障，另外计算引擎支持同步和异步两种工作模式，保障支持不同类型优先级的响应。

（四）强大的计算能力

计算引擎平台采用内存计算模式，在计算过程中 CPU 从主内存读写数据，将数据存放在应用服务器的内存中，以此作为数据处理加速的一个手段。从内存和硬盘读取数据的速度不在同一个数量级，实践证明，计算时若需要从磁盘获取数据，计算后再将中间结果数据写回磁盘，导致系统的 I/O 开销极大，严重制约计算性能。提前将基础数据载入内存，保证调用方较为关心的时间区间指标快速计算，可有效提高效率和性能。

(五) 标准化的接口

对于联机访问，系统内指标算法提供标准化 RESTful 接口，报文采用 JSON 格式封装，供给调用方使用，便于计算引擎与外部系统进行数据交互。对于批量指标计算，采用异步模式，计算结果被落地成用 JSON 格式封装文件，供外部系统访问。通过标准化接口方式，系统的外服务能力得到提升。

四、计算引擎平台方案说明

计算引擎平台基于 Java 语言编写，在架构上采用分层模式，数据获取、模型计算和应用服务是松耦合的，逻辑架构见图 3-17。

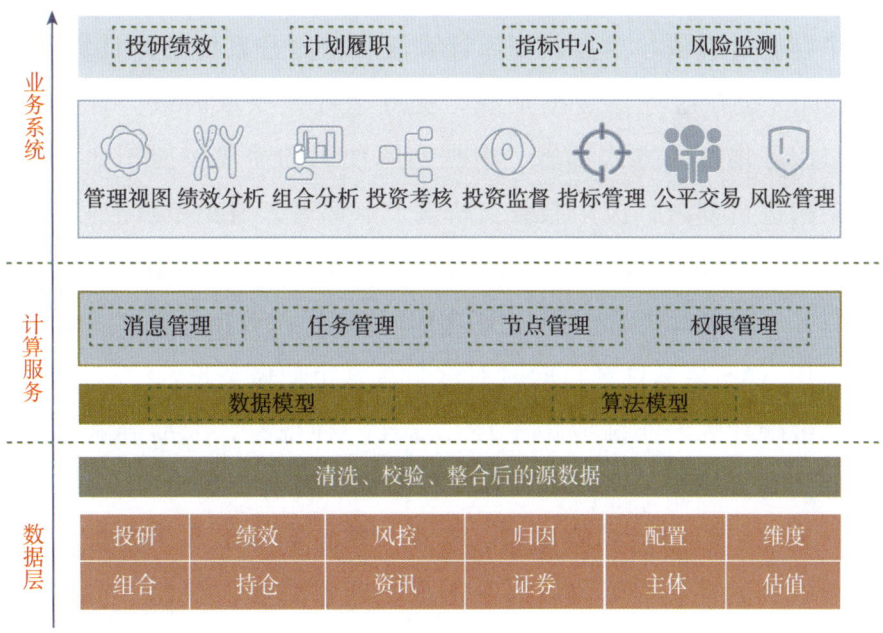

图 3-17　计算引擎平台逻辑架构图

数据层：在引擎访问数据之前，数据在中台完成清洗、校验和整合，形成组合、证券、持仓、交易、估值等几个主题域的基础数据和中间变量，支撑算法模型的调用。

计算服务层：包含服务接口、输入参数、计算模型逻辑及计算结果等几个重要组成部分。指标计算所需的基础数据统一从数据层获取，结果以文件格式存放特定目录，然后再统一提供给相关应用。计算引擎实现通过界面配置数据源，并可对指标计算模型进行管理，明确指标计算模型是公用还是私有，并标明所依赖的数据。

业务系统：计算引擎部署的算法模型，有效地支持了投研绩效、计划履职、指标中心和风险监测等下游业务系统多个应用场景的调用，未来规划更多应用系统计算服务接入计算引擎平台。

为了提升金融指标计算的效率，计算在应用服务器内存中实现，避免了存储过程依赖单点数据库计算瓶颈，提升系统整体计算性能，通过 Redis 缓存服务器数据加载，提升了数据获取时效。计算引擎支持以服务集群的方式部署，根据实际使用的需要按照图 3-18 的部署架构进行部署，应用服务支持多节点部署，避免单点故障。

后端应用使用 Tomcat 服务器处理 RESTful 接口调用，实现业务处理服务。数据库方面，采用 RDBMS 数据库做数据存储。文件存储设置专用 NAS 共享目录，同时对这个目录定期做备份。

在金融计算的实际应用中存在这样一种现象，大部分常用的金融指标会重复使用某些基础指标。一方面，计算引擎支持算法拆分，形成"血缘上"相近的算法包，实现一次计算输出多个指标计算结果，节省了数据获取时间；另一方面，通过算法包机制，节省反复计算相同原子指标及派生指标时间，避免了核心基础算法内循环的放大效应，实现高效率的计算。计算引擎平台算法流程见图 3-19。

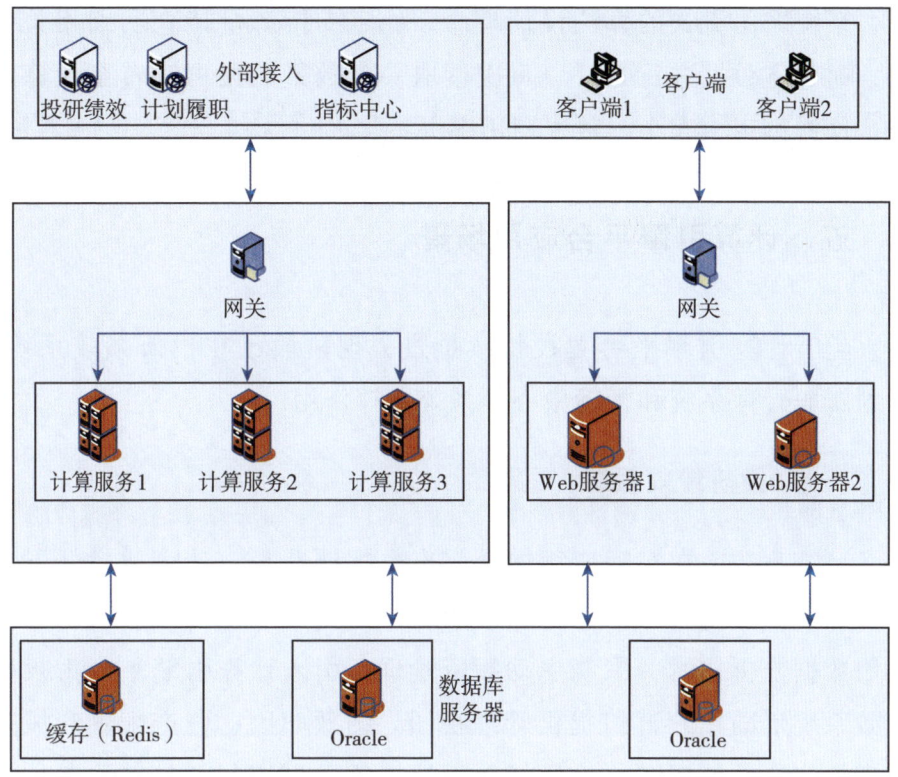

图 3-18　计算引擎平台部署架构图

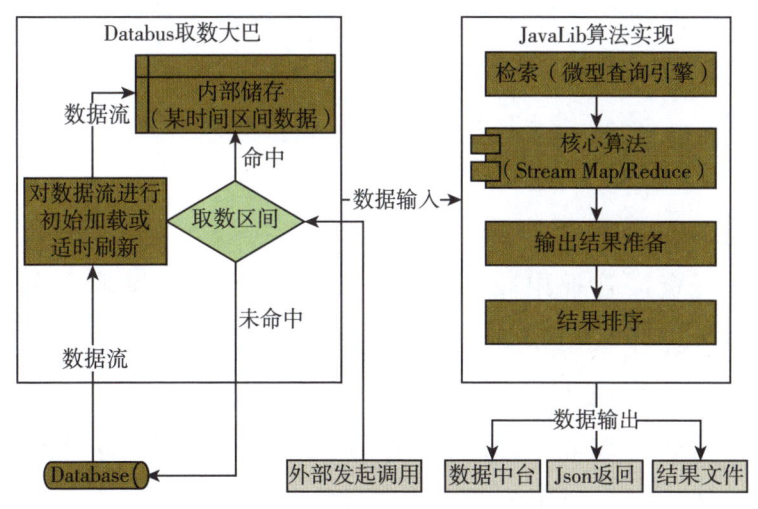

图 3-19　计算引擎平算法流程图

145

系统采用流式的算法设计理念。稳定支持海量持仓明细相关计算，通过将数据进行切片，每次读取一定数量数据再流转至计算引擎，这样占用内存小，数据利用率提高。

五、计算引擎平台应用场景

随着计算引擎平台建设持续推进，现阶段已在投研绩效系统、计划履职管理系统和指标中心等系统发挥作用。

（一）投研绩效系统

系统改造前在实际应用中暴露出数据链路长，计算效率低下和开发响应慢等困境。依托太保集团云平台基础架构支撑，长江养老运用数据分析技术，围绕主动投资管理，引入计算引擎平台为投研绩效系统不同用户群组提供管理视图、绩效归因、资产配置和风险管理等接口计算服务。投研绩效系统应用上剥离复杂计算服务，计算服务由计算引擎提供。这种处理机制厘清投研绩效系统的应用定位，着眼于提升投资管理效率，加强投资经理主动管理能力以及组合风险管理能力等，功能结构见图3-20。

（二）计划履职管理系统

计划履职管理系统是通过提供全流程、线上化的一体化管理平台，将受托资产管理中较复杂且日常频次较高的投管人考核和资金分配业务操作从原来依托手工台账，替代为基于系统的自动化解析和计算，实现了核心业务流、关键资金流、管理轨迹等信息流的三个"进系统"，计划履职管理系统借助计算引擎平台构建分布式部署架构，实现了底层投资数据、资产分组树统一来源于数据中台，计算引擎提供收益、归因及资产配置分析计算能力，并

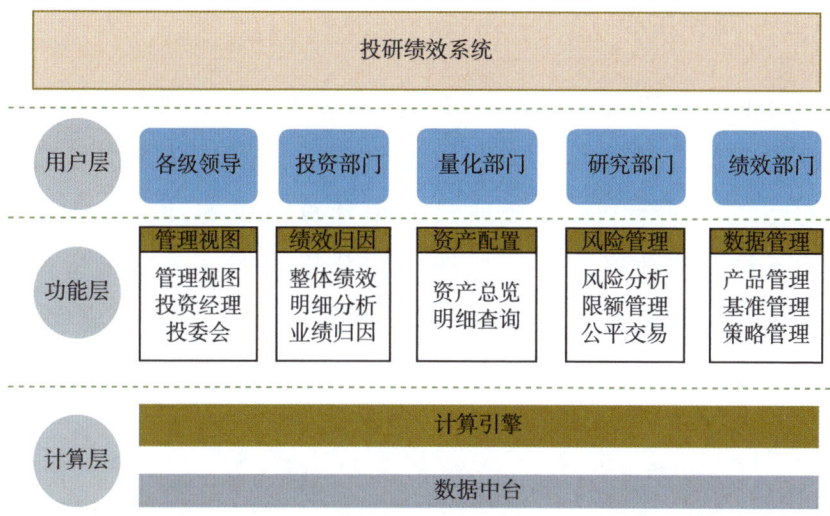

图 3-20 投研绩效功能结构图

实现依据业务需要支持灵活设置满足不同维度的分析要求，确保收益情况、资产配置计算准确，保证数据的一致性和正确性。结构见图 3-21。

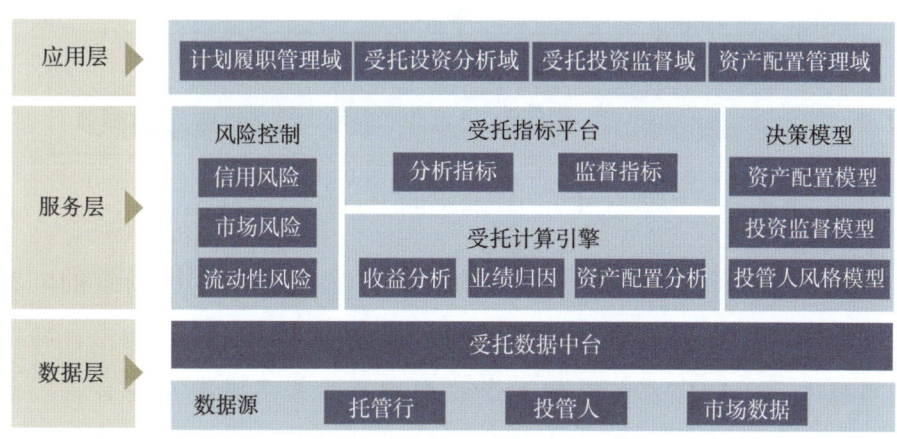

图 3-21 计划履职管理系统结构图

(三) 指标中心

随着业务快速发展,各类数据需求层出不穷,对数据指标提出了更高的要求,长江养老结合数据治理工作依托计算引擎搭建指标中心系统,指标中心系统通过调用计算引擎的计算能力,实现对于多系统、多数据源的指标调用和分析,为公司提供指标数据统一化、标准化的指标管理和指标查询服务,并提升数据质量。结构见图3-22。

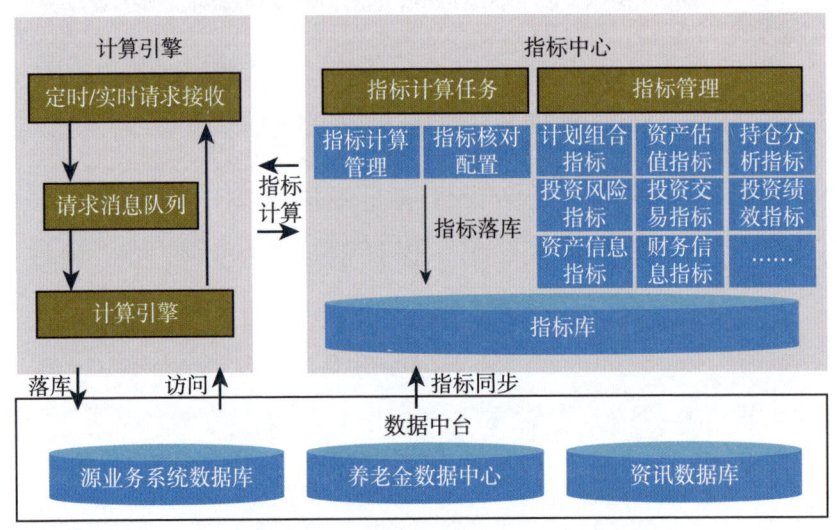

图3-22 指标中心结构图

随着在投研绩效、计划履职和指标中心等多个应用场景的陆续推广使用,计算引擎平台大幅提升了长江养老后台计算能力,减少了重复的手工操作,在提高工作效率和节约人工成本方面有重要意义。计算引擎通过不断迭代优化,持续为内外部用户提供了方便、灵活和快捷的数据计算服务,未来平台将在沉淀复用数据资产、提升数据计算服务能力等方面不断优化提升,更高效地为业务赋能。

六、总结与展望

金融科技在资产管理中投研、风控和运营等领域有着十分广阔的应用场景。如何在大资管各赛道中脱颖而出，资管机构不仅要具备转型的决心、清晰的战略和商业模式，更要具有大幅提升专业的能力，同时还需要推进建立数据应用导向的金融指标计算体系，增强大数据规模化应用，打造支持金融指标计算的运营模式和组织模式，打造场景导向的金融指标闭环管理体系。

长江养老以做一家"专业、可信赖、有情怀"的养老金管理机构为使命，身处变革的时代，公司将持续提升金融科技水平，促进技术与金融的深度融合，依托无处不在的数据信息和不断增强的计算模型，及时满足客户需求，真正做到以客户为中心，重塑金融价值链和金融生态，为客户创造更大价值。

第七节 智能投顾与普惠财富管理[*]

智能投顾是新一轮技术革命在金融投资领域的重要应用。本文剖析了智能投顾发展的学理逻辑、关键特征及其对微观个体财富管理产生的真实影响。依靠算法、动态管理的智能投顾可以取得良好的投资绩效，且较少受到利益冲突和行为偏差的影响，在未来财富管理中十分重要。投资建议的个性化程度、投资者的参与度和自由度以及人工投顾的介入程度是智能投顾产品差异化的重要推手。基于微观数据的研究表明，智能投顾通过分散化配置低成本的指数基金，提升了客户投资的收益风险比。与美国市场不同，在中国，自主投资非理性程度较高的客户订购智能投顾的积极性较低，且客户过往的投资习惯会显著影响其从智能投顾中的获益。因此，相比美国，中国的智能投顾需更加注重投资者教育。此外，更强的基金挑选能力也是中国智能投顾提升客户绩效的重要途径，这意味着，智能投顾的发展也有助于改善基金销售的生态。

经过改革开放40多年的发展，我国居民财富日益增加，财富管理成为全社会关注的热点话题。随着资管新规落地，银行理财产品向净值化转型，习惯于固定收益产品管理财富的中国投资者感受到了巨大的"财富焦虑"。智能投顾是新一轮技术革命在金融投资领域的重要应用，发展十分迅猛。美国出现了以 Vanguard PAS、Wealthfront、Betterment 等为代表的多家知名智能投顾平台。据 KPMG

---

[*] 本节作者为先锋领航投顾（上海）投资咨询有限公司张宇、北京师范大学胡聪慧。

统计，截至 2020 年底，美国智能投顾服务管理的资产规模达 1 万亿美元。近年来，中国各大金融机构的智能投顾产品也如雨后春笋般大量涌现。本文拟从宏观、行业、微观三个角度深入剖析智能投顾发展的学理逻辑、关键特征及其对微观个体财富管理产生的真实影响，旨在推动我国智能投顾行业的健康发展，让财富管理服务能真正惠及广大人民群众。

一、为什么智能投顾会在未来财富管理中占据重要位置

第一，客户自主投资面临着高昂的学习成本、时间成本和心智成本。金融市场的产品纷繁复杂，要让普通投资者厘清不同产品的风险收益差异，并从中挑选出配置合理、能够保持财富稳健增长的投资组合需要极高的学习成本。而且，资产配置不是一劳永逸的，需要定期根据新的市场环境和投资机会审视投资组合是否需要调整，即投资组合的动态管理。这对于大多数个人投资者是很难做到的。此外，个人投资者的认知偏差、非理性情绪会进一步加大科学投资的难度。即使意识到存在行为偏差，个人投资决策也很难不受认知偏差和情绪的影响。投资的纪律性要求本质上是反人性的。因此，大部分个人投资者最终还是要依赖专业的理财顾问管理财富。

第二，现代投资理论和实践表明，依靠算法动态管理的指数组合可以获得超越市场的回报。多因素资产定价模型的核心投资启示就是，找到那些能够长期获得溢价的因子，然后通过主动暴露于这些风险因子获取超额收益。大量研究发现，很多成功的主动管理型基金的超额收益大部分也可以归因于重要因子的选择。例如，Frazzini 等（2013）指出，巴菲特的业绩表现归功于他对安全型、高品质、价值型股票的关注以及杠杆的使用。根据巴菲特的投资特点，运用安全因子、品质因子以及价值因子构建的巴菲特风格的投资组合业绩甚

至超越了伯克希尔股票的表现。智能投顾正是依靠算法挑选能够带来超额收益的因子,并通过指数化的方式构建投资组合,从而低成本地帮助客户管理财富。

第三,传统投顾在我国发展滞后,且存在与客户利益不一致、素质层次不齐等问题。我国财富管理行业起步较晚,专属投顾服务近几年才逐渐兴起,能够覆盖的人群非常有限。现实中,很多传统投顾以产品销售为导向,与客户利益并不一致,更未从客户需求和偏好出发解决其资产配置和财富管理的问题。即使在传统投顾发展历史悠久的欧美市场,投顾与客户的利益不一致也常常被诟病。Hacketal 等(2012)发现,接受传统投顾服务的客户投资绩效反而比没有投顾的客户更差,主要是由于这些客户交易更加频繁,支付了大量的佣金。不仅如此,Linnainmaa 等(2021)发现,传统投顾自己投资账户中的行为偏差与其客户投资账户非常相像,说明传统投顾自己的认知局限和行为偏差也会影响其给客户的投资建议。相反,智能投顾由算法管理,有效克服了传统投顾在利益冲突、行为偏误等方面的问题,因而具有良好的发展前景。

二、智能投顾产品的四个关键设计

D'Acunto 和 Rossi(2021)提出了智能投顾产品设计的四个重要特征,即投资建议的个性化程度、投资者参与度、投资者自由度以及人工介入程度。本文将结合智能投顾在国内外发展的实践剖析这些特征背后的关键权衡取舍。

(一)投资建议的个性化程度

目前,主流的智能投顾模型会首先根据收入规模、投资期限、风险承担意愿以及从事的行业等人口统计特征将客户分成不同类型,然后按客户类型给予相应的投资组合建议。有些模型还会考虑客户非金融资产配置以及未来大规模支出（如子女教育）对资产配置的影响，鲜有模型量化考虑损失厌恶、投机偏好、同辈效应等行为偏好对投资组合建议的影响。然而，投资建议的个性化程度并不是越高越好，过度个性化的投资建议有可能使得部分投资组合未来绩效表现较差。因此，智能投顾需要在满足投资者个性化的需求与保持投资组合的较好绩效之间寻求平衡。

（二）投资者参与度

业内通常有两种做法：一种是智能投顾每一笔交易都要经过投资者授权同意，另一种是投资者在同意智能投顾的初始投资计划时也授权智能投顾后续根据市场投资机会的变化自动调整投资组合。前者的优点是客户可以享有自主决策的权利；缺点是客户有可能不能及时根据智能投顾的建议调整投资组合，影响其投资绩效。后者的优点是可以节省客户的时间、保证投资绩效；缺点是客户长期不参与投资，可能会对智能投顾的工作缺乏了解和信任，而且当智能投顾退化为智能投资经理时，并没有起到为客户提供咨询建议、陪伴客户的作用。因此，采用后者的智能投顾需要通过其他方式保持与客户之间的沟通，增加信任感。

（三）投资者的自由度

主要指客户是否可以偏离智能投顾组合的投资建议。有些智能投顾采用完全自动执行的策略，客户几乎没有空间调整投资组合，如Wealthfront、Betterment。国内大多数智能投顾允许客户自主选择智能投顾建议的不同风险等级的投资组合。此外，还有一些工具型智能投顾（如Portfolio Optimizer）甚至允许客户自主加减投资组合中的资产，给客户更大的自由度。

（四）人工介入程度

智能投顾的资产配置和投资组合管理建议主要是依靠算法自动完成的，但有些智能投顾在一些关键环节会引入人工客服，如初始订购环节、客户可以就投资过程中的问题咨询人工客服。智能投顾中增加人工介入自然会增加运营成本，但也能更好地满足客户需求。正如 Rossi 和 Utkus（2019）在问卷调研中发现，客户对投顾的需求并不仅仅是资产配置和管理投资组合，还希望能够咨询投资过程中的困惑、减少焦虑，在投资艰难时刻帮助抉择等。上述服务在智能投顾的场景中不可能全部依靠人工解决，但智能投顾通过一些智能化的增值服务，也可以一定程度上满足客户的上述需求。

依据上述分析，全委托型智能投顾往往具有较高的个性化程度，较低的投资者参与和自由度，而个性化程度低、投资者参与度高、自由度大的智能投顾更类似辅助客户决策的投资工具（工具型智能投顾）。事实上，各个机构可以根据目标客户群体的特点，在上述四个维度进行不同的取舍，形成各具特色的智能投顾。值得一提的是，很多券商出于经纪业务的需要，引入了很多辅助客户挑选股票的决策工具，如智能选股工具。这些工具大部分没有根据客户特征匹配相应的投资标的，有的甚至没有给出具体的投资建议，因此并不是严格意义上的智能投顾。这类型工具对投资者素质要求较高，但财富管理不是要把每个人培养成投资高手，因此这类产品的受众其实很有限。

三、智能投顾影响的微观证据

正在进行的新一轮技术革命无疑对人们工作生活的方方面面都产生了深刻的影响。智能投顾的出现就是新技术革命在金融投资领域的重要体现。深刻理解智能投顾这一新技术对居民财富管理乃至整体福祉的影响需要基于微观数据所做的深入剖析。本文拟通过对这一领域三项代表性研究成果的梳理和回顾介绍智能投顾产生的真实微观影响。同时，这三项研究使用了印度、美国、中国三个不同国家的样本，通过对比，可以了解智能投顾发展及其影响在国内外的异同。表3-3简要介绍了这三项研究的智能投顾产品特征和其使用的微观样本特征。

表3-3　　智能投顾微观研究的样本介绍

比较内容	DPR2019	RU2021	HHXZ2021
国家	印度	美国	中国
智能投顾名称	Portfolio Optimizer	Vanguard PAS	帮你投
智能投顾特征	工具型 根据均值方差模型为客户提供股票的最优投资权重；除了客户已经持仓的股票，还会向客户推荐最多不超过15只流动性较高的股票；客户可以自主加减进入投资组合的股票	全委托型 为客户提供个性化的投资组合建议；一次性授权后自动管理客户组合；客户不能随意偏离建议；有人工投顾为客户提供辅助	全委托型 为客户提供个性化的投资组合建议；一次性授权后自动管理客户组合；客户可以自主选择不同风险等级的投资建议；通过服务笔记为客户提供增值服务
样本人数（万人）	1.27	8	10
年龄	48岁	63岁	35岁
资产规模	110万卢比	58.9万美元	8.8万元人民币
资产结构	股票为主	基金为主，含少数股票	基金
是否用过传统投顾	是	否	否
资料来源	D'Acunto, F., Prabhala, N., & Rossi, A. G. (2019). The promises and pitfalls of robo-advising. Review of Financial Studies, 32 (5), 1983–2020.	Rossi, A. G., & Utkus, S. P. (2021). Who benefits from robo-advising? Evidence from machine learning, the 2021 AFA Conference paper.	郝如宾，胡聪慧，徐鑫，张宇．智能投顾与个人财富管理：基于帮你投的实证研究．工作论文，2021．

（一）哪些客户更愿意使用智能投顾

在印度市场，DPR2019 发现，富裕的、金融素养高的客户更愿意使用智能投顾。在美国市场，RU2021 发现，投资者自主投资波动较大、绩效较差时更愿意订购智能投顾；以往购买基金平均费率较高、组合中国际基金配置比较低的客户更愿意订购智能投顾。类似地，Reher 和 Sun（2019）发现，降低智能投顾的准入门槛后，分散化程度越低的客户越愿意订购智能投顾服务，后续追加投资的概率也更高。整体而言，美国市场的证据表明，那些自主投资理性程度较低的客户更愿意订购智能投顾。通常，自主投资理性程度较低的客户使用智能投顾的潜在收益也更高，因此美国智能投顾市场是一种非常理想的均衡，即那些应当接受智能投顾帮助的客户也恰好更有积极性订购智能投顾。这说明美国市场客户整体金融素养较高，懂得智能投顾服务的价值。

HHXZ2021 基于蚂蚁财富的样本也研究了哪些客户更愿意订购帮你投。他们的发现与美国的研究有较大不同。投资组合分散化程度越高的、指数基金持有比例越高的客户越愿意订购帮你投，而投资组合中基金平均投机性（由基金净值的异常波动和异常偏度构建的投机指数）越高的客户订购帮你投的意愿越低。这些结果表明，越认同智能投顾投资理念（如分散化投资、重视指数基金的运用等）的客户越愿意订购智能投顾，而那些理论上从智能投顾中能够获益较多的客户（如投资组合分散不足、喜欢追逐热门基金）订购积极性反而不高。中美结果的差异反映了中美客户基础金融素养的差异。只有具备了一定的金融素养才能真正理解智能投顾的价值，才能懂得使用新型的金融科技工具提高财富管理的效率。这一发现也启示我们，在中国推广智能投顾服务，需要先进行投资者教育，让金融素养相对较低的客户懂得智能投顾的价值，才能切实保障金融科技的普惠性,也才能更好地利用智能投顾实现普惠的财富管理。

(二)智能投顾如何帮助客户

理论上,智能投顾带来了以下三方面的价值:第一,帮助客户进行资产配置和组合管理,节约学习和时间成本;第二,为客户提供及时的咨询建议,减少客户的财富焦虑;第三,教育引导,提升客户的金融知识和金融素养。

现有研究大多关注智能投顾在资产配置和组合管理上的价值。DPR2019 在印度市场研究发现,引入投资组合优化器后,客户能够更好地享受分散化的好处。特别是,原先分散不足的客户,通过增加股票持有的数量、调整组合内股票投资权重,显著降低了投资组合的风险,也提升了组合的收益。此外,他们还发现,引入工具型投顾后,客户的处置效应、追逐趋势等典型行为偏误也显著降低了。RU2021 的研究发现,Vanguard PAS 服务通过降低个股和主动型基金的持有比例、增加低成本的指数基金以及国际基金的持有比例,显著降低了客户投资组合的异质性波动,帮助客户实现了更高的夏普比率。换而言之,通过基金结构的调整,帮客户实现了更好的资产配置。

HHXZ2021 基于帮你投的研究发现,尽管帮你投组合风格调整的收益与客户自主投资差别较小,但帮你投组合风格调整的夏普比率显著高于客户自主投资的组合,说明帮你投显著降低了组合的波动性,能帮助客户更好地平衡收益和风险。这一点与美国的发现类似。在具体机制上,HHXZ2021 发现,帮你投更高的夏普比率除了来自更合理的基金投资结构外,相比个人自主投资,帮你投组合具有更好的基金挑选能力,有效地避开了那些增加组合波动但带来收益提升较小的基金。换而言之,在中国情景下,更高效的基金挑选能力也是智能投顾帮助投资者提升绩效的重要渠道。

HHXZ2021 的结果也在一定程度上说明，我国当前的基金销售中，普通客户承担了较大的逆向选择成本，客户自主投资挑选的基金往往在投资后收益风险比并不是很好。造成这一结果的原因可能有两点：第一，客户在基金挑选时存在较大的行为偏误，如外推偏差、锚定效应、博彩偏好、有限注意等，这些行为偏误会降低客户基金选择的有效性，增加客户挑选性价比较低基金的概率。第二，基金销售中存在问题。在现行销售的环境下，理财顾问或各个平台积极推荐的基金有可能是最愿意支付销售费用的基金，这样客户买到的基金未来业绩并没有很好的保障。很多大的基金销售平台显然意识到了这一问题，并着手解决这一问题。靠基金评价起家的天天基金网，本身就是为了解决客户挑选基金的问题。蚂蚁财富推出了支付宝金选，帮助客户解决基金挑选难的问题。但从学理上来讲，上述两种思路都有一定的缺陷。① 因此，依靠智能投顾帮助客户进行资产配置、管理财富，有望改善基金销售的生态，具有良好的发展前景。

（三）哪些人从智能投顾中获益更多

这个问题关系智能投顾能否推动普惠财富管理的问题，十分重要。理想情景下，那些自主投资面临越多的问题客户，越应该接受智能投顾服务；而且，一旦订购智能投顾服务后，从中的获益也应该最大。但智能投顾对投资者绩效乃至福利的影响并不仅仅取决于智能投顾组合的配置和管理效率，还与投资者使用智能投顾的行为

---

① 基金评价的问题在于，即使帮助客户计算了多个维度的基金评价指标，客户从这些维度中挑选出优质的基金依然面临较高的学习成本。贴标签的做法，虽然客户学习成本较低，但通过贴标签的方式为客户投资提供导引，在一定程度上会对优秀的基金经理投资形成"干扰"。优秀基金在业绩高位时有可能由于客户非理性的申购而被迫增加投资，从而降低了其决策的独立性，这会对这些基金未来绩效产生负面影响。

是否科学密切相关。自主投资面临较多问题的客户在使用智能投顾时依然会存在较多的非理性行为,进而影响其从智能投顾中的获益。换而言之,客户金融素养的高低会影响其从智能投顾中获益的多少。

以美国的证据来看,智能投顾和客户之间形成了较好匹配。RU2021 发现权益投资比例较低的客户,订购智能投顾后,低成本指数基金配置比例提升最多,夏普比率的提升也最显著;订购前基金平均费率较高的客户更可能从智能投顾低成本的指数化投资中获益。而且,他们发现,上述客户终止智能投顾服务的概率同等条件下更低。这些证据表明,在美国,应该接受智能投顾服务的群体也是智能投顾服务中受益较大的群体,智能投顾与客户之间形成了良性循环。

HHXZ2021 基于帮你投的研究发现,投资组合具有较高投机性的客户从智能投顾的服务中绩效提升最大,说明智能投顾代替这类投资者做基金挑选,帮助其实现了更好的投资绩效。这一特征与普惠的目标相一致,不过,投机型的客户本身订购智能投顾的积极性并不高。过往交易频率较高的投资者在订购帮你投后绩效提升也不如基金交易频率较低的人,说明智能投顾为频繁交易的客户带来的收益相对较小,有可能是这类投资者不好的交易习惯也影响了其使用智能投顾的收益。因此,从这个角度讲,要想使智能投顾更具有普惠性,必须进一步加强投资者教育,不仅要教育投资者意识到智能投顾对财富积累的好处,还需要引导投资者科学地使用智能投顾,提升其从智能投顾中的获益。

有趣的是,HHXZ2021 还发现,智能投顾具有正外部性。智能投顾的教育引导不仅让客户更好地从智能投顾的服务中获益,还会对其自主投资产生积极的溢出效应。他们发现,客户订购帮你投后,在自主投资中,权益基金的投资占比显著上升,投资组合的分散效率也进一步提升,而对投机型基金的追捧度显著降低。这些情况说明，客户通过与智能投顾的深度接触，自主基金投资的投资理念和交易行为也在无形中得以提升和改善。

综合来看，相比美国，中国智能投顾的发展需要更加注重投资者教育的功能和角色。一方面，中国的中小投资者、甚至中产家庭，大多从未接受过理财顾问的服务，对金融知识和投资常识的学习了解比较匮乏，因此，在中国推广智能投顾，需要先对客户进行投资者教育，使其明白智能投顾的价值才能引导其接受智能投顾，放心地将主要财富交给智能投顾管理；另一方面，中国的智能投顾除了资产配置和组合管理这些投资功能外，需要格外重视对客户的陪伴，不仅需要定期向客户普及科学的投资理念，引导其树立正确的投资心态（第一种陪伴），还要及时向客户解读市场投资热点，对客户潜在的咨询诉求主动出击（第二种陪伴）。第一种陪伴是一种典型的投资者教育，但不是灌输式、课堂式投教，而是有点像"鸡汤式"的说教和提醒，通过"反复的弱刺激"真正触动投资者行为的改变。第二种陪伴是根据市场最新的环境变化，针对投资者可能关心的话题给出智能投顾的观点和看法，无论这一看法是否与投顾组合的实际投资配置相关，这一及时的解读可以缓解客户对市场变动的焦虑，坚定其在市场表现不好时的投资信心，这对实现长期财富的增值十分关键。只有在智能投顾的产品宣传、设计中做好投资者教育才能更好地利用智能投顾实现普惠财富管理。

本节参考文献

［1］郝如宾，胡聪慧，徐鑫，张宇．智能投顾与个人财富管理：基于帮你投的实证研究．工作论文，2021．

［2］D'Acunto, F., Prabhala, N., & Rossi, A. G. (2019). The Promises and Pitfalls of Robo-advising. Review of Financial Studies, 32 (5), 1983-2020.

［3］D'Acunto, F., & Rossi, A. G. (2021). Robo-advising. In the Palgrave Handbook of Technological Finance (pp. 725-749). Palgrave Macmillan, Cham.

［4］Frazzini, A., Kabiller, D., & Pedersen, L. H. (2013). Buffett's alpha (No. w19681). National Bureau of Economic Research.

［5］Hackethal, A., Haliassos, M., & Jappelli, T. (2012). Financial Advisors: A Case of Babysitters?. Journal of Banking & Finance, 36 (2), 509-524.

［6］Linnainmaa, J. T., Melzer, B. T., & Previtero, A. (2021). The Misguided Beliefs of Financial Advisors. Journal of Finance, 76 (2), 587-621.

［7］Reher, M., & Sun, C. (2019). Automated Financial Management: Diversification and account Size Flexibility. Journal of Investment Management, 17 (2), 1-13.

［8］Rossi, A. G., & Utkus, S. P. (2021). Who Benefits from Robo-advising? Evidence from Machine Learning, the 2021 AFA Conference Paper.

［9］Rossi, A. G., & Utkus, S. P. (2019). The Needs and Wants in Financial Advice: Human versus Robo-advising. Available at SSRN 3759041.

第八节　实现数字化转型下的数据中台生态解决方案*

当前宏观经济进入换挡期，GDP增速从高档位切换到了中档位，企业从外部获取业绩增长难度不断加大，纷纷开始转向内部寻求降本增效以提振业绩，在此背景下企业的转型变得更加迫切。互联网企业也遇到增长困境，线上流量逐渐衰减，从线下寻找增量市场成为行业共识。数据中台就是在传统企业的转型焦虑和互联网企业的流量衰减夹缝中异军突起的。

一、数据中台战略

随着大数据、人工智能、云计算等新技术在金融业的深入应用，数据逐步实现了从信息化资产到生产要素的转变，从而掌握丰富的高价值数据资源并能高效能地完成数据价值提炼。赋能输出驱动业务，日益成为抢占未来发展主动权的前提和保障。

数据中台是让企业在持续思索"如何让数据产生更多价值"的过程中，演变成型的一种管理理念。简而言之，是梳理并规范管理企业数据，将其所需的数据存储、计算及应用能力抽象出来，整合在共享的"平台"中（平台本身即为狭义的"数据中台"），统一为前台业务部门提供决策快速响应、精细化运营及应用支撑等。

---

* 本节作者为深圳市赢时胜信息技术股份有限公司王强。

中台战略的实施需要提升全企业的数据意识。数据文化是数据中台战略不可或缺的部分，数据中台的推进依赖于数据文化的建设；反过来，企业数据文化的沉淀又是数据中台建设的产出。需要用互联网思维、数据思维来发现问题、解决问题，用数据说话。

二、赢时胜数据中台整体方案

赢时胜数据中台结合大数据平台的相关能力来完成数据治理，对海量数据、多类型数据梳理出关键诉求进而实现数据资产化并提供输出能力给上层业务应用系统。赢时胜数据中台已经有全套产品，包括底层的数据接入、数据标准、数据模型（9大主题）、数据治理、计算引擎、数据服务等全套体系。数据中台的建设离不开主题模型建设、先规范后工具的数据治理体系建设、通过数据服务构建数据与应用间的标准化数据交互体系、面向应用提供相关工具化的支撑等内容；同时，也要考虑数据中台和应用的结合，上层应用支持投研系统、报表系统、绩效系统、投资监督系统等。

三、整体架构

数据中台的建设目标，是要通过数据资产化建设形成数据的真正价值，并通过数据服务的形式将数据价值对外输出。价值化数据服务，通过服务API接口将数据价值能力暴露给前台业务应用，使前台业务应用依托数据中台能力，实现数据智能化转型。

整体架构（见图3-23）分为几大部分：

保险问道之保险资管数字化探索

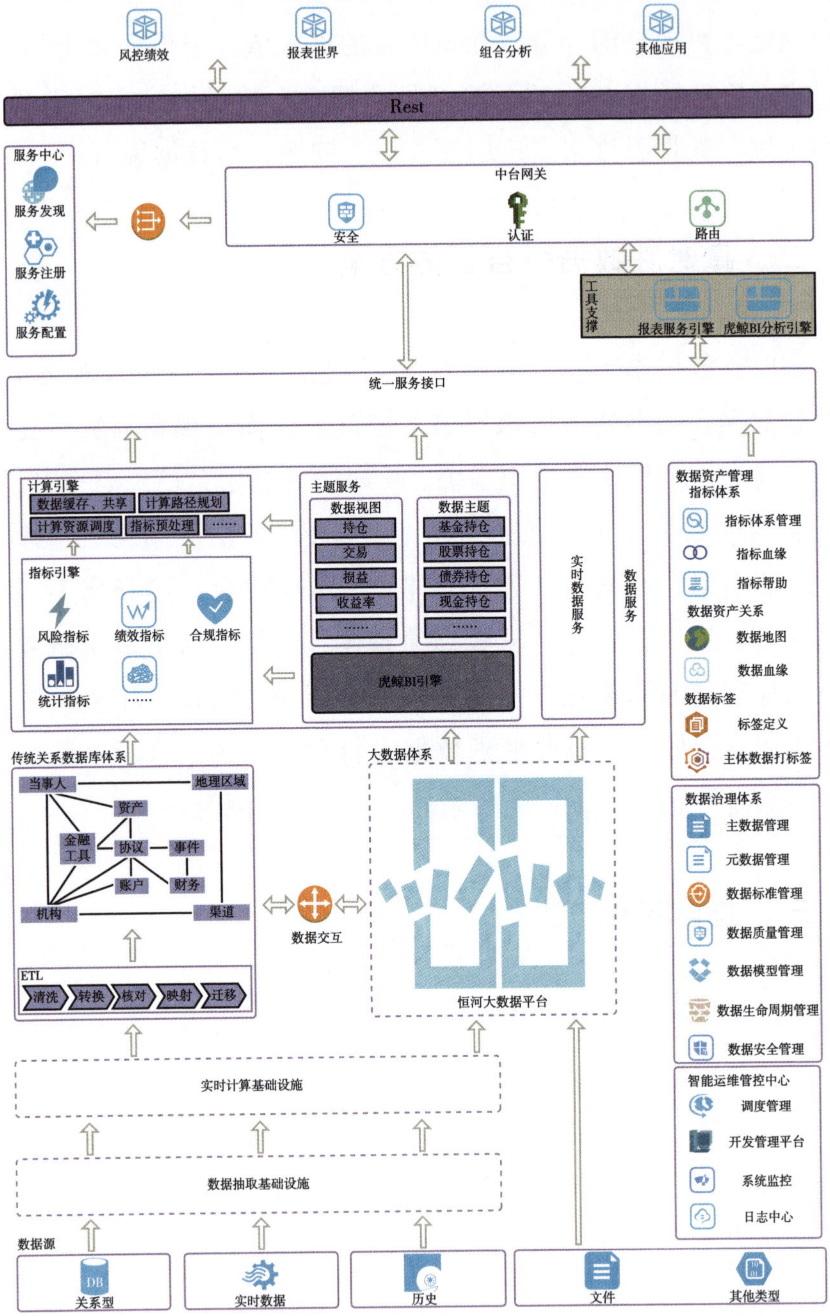

图 3-23 数据中台建设架构

（一）数据抽取基础设施

对于不同系统不同类型的数据源由统一的数据接入集群来实现数据的统一处理，并流入到统一的实时计算基础设施中。

（二）实时计算基础设施

实时计算基础设施中既有实时计算的支撑能力，也有统一模型管控的能力。因为在设计上需要同时兼顾实时数据架构和传统 ETL 数据仓库架构，所以这里需要集成实时数据流转限流管控设施。

（三）数据处理

既有传统数据仓库的 ETL 功能，也提供基于大数据的存储、海量计算、实时计算的能力。同时，在设计上通过数据交换基础设施可以满足混合计算能力，也就是在处理同一个业务流程中同时使用传统数据仓库和大数据的能力。

（四）数据资产管理

管理服务主要包含资产管理、指标管理、标签管理相关功能，是在海量数据的基础上使用更加强大的计算能力和分析能力来把数据转换为资产，进而对上层应用系统提供服务来逐步实现数据驱动业务。

（五）数据治理体系

数据中台是对数据模型、数据标准、数据质量、数据安全等所有数据治理管控能力的集成。

（六）计算、指标引擎

基于我们在行业上的业务积累，对金融行业的业务指标进行体系化的分析整理之后,提出"计算引擎+指标引擎"的概念。对指标的运算逻辑进行封装的同时对上层提供指标运算的能力,以此来减少上层应用的重复分析、开发工作。

(七)数据服务

与业务相关的、可复用的数据服务,上层应用系统应用不必关心底层数据准备情况,直接调用数据服务模块对外提供的服务接口,就可以方便进行二次开发,进而增强自身的能力。

(八)智能运维管控中心

数据中台的智能运维管控中心,包括调度管理、开发管理平台、系统监控、日志中心。调度管理实现任务流程调度,属于数据中台架构中的大脑;开发管理平台是大数据的开发平台,让基于中台的大数据开发工作更简单、便捷;系统监控和日志中心是数据中台的底层基础设施。

四、数据模型

数据模型管理负责对系统中核心的逻辑模型、物理模型、数据库表、字段、视图等进行统一管控、促进其规范化。通过事实和维度模型方式表达,为典型保险分析应用提供分析数据架构,为数据集市提供统一的指标和维度,为数据应用提供统一的数据信息。主要分为两部分:一部分是固定金融主题模型,是已知并确定的,如金融工具、主体等,这类分析层模型每个主题域为同类的业务处理,共享相同的维度;另一部分是基于建设的分析过程中要由金融分析师来额外进行设计的,如金融投资算法指标。通过上述数据模型方法,可以按照客户要求实现保险投资资产在市场规模、产品结构、市场分布、投资研究等领域的分析研究，通过细分产品、区域市场、产业链等角度的调查分析评估，来判断保险资管行业未来竞争格局的变化趋势。

九大主题模型（见图3-24）对应描述说明如下：

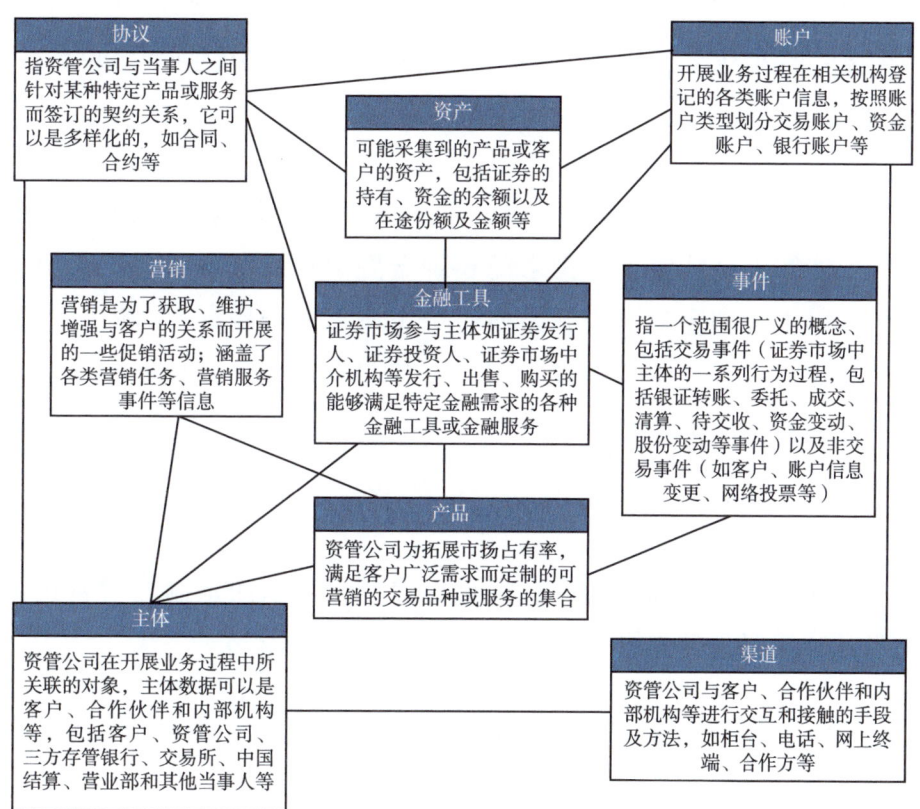

图3-24 数据模型管理的九大主题模型

（一）协议

公司与当事人之间针对某种特定产品或服务而签订的契约关系，它可以是多样化的，如合同、合约等。

（二）主体

公司在开展业务过程中的金融市场参与者，一般包括非金融企业、广义政府、金融机构、住户。主体可以是客户、合作伙伴和内部机构等。从参与交易的动机来看，分为投资人、发行人、筹资人、交易场所、服务机构、中介结构、监管机构等，也包括内部组织机构。

（三）金融工具

金融市场参与者，如发行人、投资人、中介机构等发行、出售、购买的能够满足特定金融需求的各种金融工具或金融服务。金融工具是金融市场交易的对象，是使一个企业形成金融资产，同时使另一个企业形成金融负债或权益工具的任何合约，包括现金类、证券类、金融衍生品类等。

（四）产品

公司为拓展市场占有率，满足客户广泛需求而定制的可营销的交易品种或服务的集合。

（五）资产

产品或客户的资产，包括证券的持有、资金的余额以及在途份额及金额等。

（六）事件

事件是一个广义概念，可以记录各种与公司相关活动的情况。包括交易事件（金融市场中参与者的一系列行为过程，如银证转账、委托、成交、清算、待交收、资金变动、股份变动等事件）以及非交易事件（如信息变更、访谈、投决会等）。

（七）渠道

公司与客户、合作伙伴和内部机构等进行交互和接触的手段及方法，如柜台、电话、网上终端、合作方等。

（八）账户

金融市场参与者在相关机构登记的各类账户信息，按照账户类型划分交易账户、资金账户、银行账户等。

（九）营销

营销是为了获取、维护、增强与客户的关系而开展的一些促销活动，涵盖了各类营销任务、营销服务事件等。

五、面向保险行业的数据中台赋能生态

数据中台依托大数据生态的先进技术能力，结合互联网思维及数据思维，通过数据建模、数据治理、计算引擎、数据服务等核心模块建设，为保险行业投资管理实现全面赋能，具体表现在以下几个方面：

第一，解决数据整合利用问题。对于保险行业目前普遍存在的投资管理数据源分散、异构、缺少高效的数据归集及整合的问题，数据中台通过科学数据建模与高效数据处理，实现数据整合，提升数据使用效能。

第二，解决数据质量问题。保险行业核心投资数据一直存在不一致、不唯一、不规范、不完整等问题，数据中台通过严谨的数据治理，实现 One Data、One ID，解决数据统计分析不准确、业务难协同、领导难决策的问题。

第三,加强数据资产管理。保险行业投资管理核心数据资产的总量、类别、分布、使用等情况不清楚,缺少动态可视化监测管理手段。数据中台通过数据标签、数据地图、指标体系等数据资产管理手段,实现数据资产化、体系化、标签化,增强可视化。

第四,解决数据共享问题。保险行业投资数据孤岛普遍存在,阻碍了跨部门、跨系统的数据共享,降低了资源利用率和数据的可得性。数据中台通过模型与数据服务的建设,消除数据孤岛,解开数据耦合,通过 One Service 实现自由共享。

第五,解决数据安全运营问题。保险行业投资相关数据缺少完善的数据安全管理理念和技术,导致共享数据时容易造成泄露与滥用,束缚数据价值的释放。可通过数据安全策略,为核心投资数据安全运营保驾护航。

第六,解决投资风险绩效指标计算效率问题。包括:一是数据中台依托大数据、流式计算等先进技术,解决保险行业投资研究中考虑现券可交易情形约束下有效前沿实际形状的资产配置策略计算效率问题。二是解决投研过程中证券多层级筛选、多策略模拟组合计算、策略模拟组合与同类真实组合、市场组合相对表现分析的效率问题。三是解决投中实时估值、实时风控、实时头寸测算效率问题。四是解决宏观经济、市场及利率变动、自然灾情突发等各类风险情景压力测试场景计算效率问题。五是解决资产端与负债端未来现金流多种模型模拟测算效率问题。六是解决多资产层级、多资产维度、多时间维度、多套模型参数的在险价值测算及其敏感性分析的效率问题。七是解决多组合、多周期、多种模型、多种现金流发生模式的业绩归因测算效率问题。

后　　记

　　面对百年变局和疫情冲击，中国经济实现了"十四五"良好开局，科技创新仍将是中国经济行稳致远的强大引擎。在我国资产管理行业各类业态中，保险资产管理业的发展历史和管理资产规模都位居前列，数字化探索与转型是助推行业高质量发展的必由之路。为进一步加强保险资管业数字化领域的研究探讨、经验总结与实践分享，2021年中国保险资产管理业协会（以下简称"协会"）依托协会资管科技专业委员会，组织开展《我国保险资产管理业数字化：理论、实践到路线图》课题研究，并征集业内资管科技实践案例。

　　本次课题工作通过线上和线下多种形式的交流研讨、调研座谈，收集了大量一手资料。在此特别感谢参与"中国保险资产管理行业数字化转型情况"问卷调研的30多家保险资产管理公司和业内机构，其为课题研究提供了第一手的数据资料。感谢课题组成员宋光磊、曹志楠、司健、王烨、苏泽文、陈小雨、付伟在这半年中的辛苦劳动。我们还邀请了平安资管、泰康资产、国寿恒生联合实验室、新华资产、国寿投资、长江养老、先锋领航投顾、赢时胜等业内外机构为本书提供了丰富的实践案例和经验分享。

　　本次课题还得到了监管及协会领导、众多行业专家的支持。特别感谢银保监会资金部的战略指导，协会执行副会长兼秘书长曹德云、副会长贺竹君、副秘书长张倩、信息技术部副总监（主持工作）方修广、研究规划部副总监（主持工作）梁风波的支持。国寿资产首席信息技术执行官、审计责任人董占军、协会资管科技专委会顾问张轶等专家,积极参与课题评定和质量把关。恒大人寿也对该课题研究提供了支持。这些专家领导们的严格指导与课题组的辛勤付出成就了本书的出版面世,在此一并表示感谢。

博观而约取,厚积而薄发。数字化的转型并非一蹴而就,本书呈现的只是现阶段的成果。但可以欣喜地看到,我国保险资管业的数字化探索已经起步,已有越来越多的机构重视数字化发展,并通过数字化转型提升机构综合实力。未来协会将认真落实银保监会有关要求和工作部署,依托资管科技专委会,凝聚业内外机构、专家、学者力量,共同推动行业数字化高质量发展。

保险资管数字化探索课题组
2021 年 12 月